一个人的
上海史

——我看上海城市空间变迁

诸大建　著

上海三联书店

目　录

引　子

　　市面上有关上海城市发生发展的书很多，写这本《一个人的上海史——我看上海城市空间变迁》，是想用另类的轻松的方式，写我想说的上海城市空间发展的过去、现在和未来。所谓一个人的上海史，是要从三个个人化的角度讲述上海城市发展的故事。

　　第一是空间视角。这是我走过看过的上海，讲一些空间的故事。以前学地学，知道从岩石和化石标本的信息解读地球的发生发展；现在看城市，习惯从空间形态及其变化解读城市的发生发展。研究上海城市发展，除了用脚步丈量城市，我喜欢收集不同版本的上海地图和上海城市规划，碰到问题就翻图册，琢磨它们的空间表现以及背后的故事。例如，我觉得上海空间形态的一大特征是不同时代不同规模的模块拼贴而成的马赛克，其中基因性的东西是黄浦江和苏州河交汇形成的 Y 形结构或丁字形结构。一江一河将上海分成三个大小不一的空间，即黄浦江将上海划分为浦西和浦东，苏州河进一步把浦西划分出苏州河南和苏州河北。上海的城市发展是从南往北、从西往东展开的，最早发展的是黄浦江十六铺旁边的老城厢，然后是苏州河两边的外国租界，随后在黄浦江下游的江湾一带搞上海新市区，许多年以后跨越黄浦江发展大浦东。理解这个空间形态，可以理解为什么到目前为止上海的故事主要是一江一河的故事。

第二是个人经历。这是我生活其中的上海，讲一些个人的故事。扣除 1970 年离开上海到农村插队落户到 1986 年研究生毕业回上海工作之间的 16 年（这段时间上海城区的轮廓和面貌基本上没有什么变化），从小到大在上海生活了 50 多年。与上海城市空间的发生发展有对应，小时候住南市，最熟悉的是老城厢和苏州河以南的上海。1986 年研究生毕业到同济工作住杨浦，开始熟悉苏州河以北的上海。1990 年代以来搞可持续发展，后来担任政府咨询专家，开始更主动更全面地了解上海，知道了上海城市发展的许多人和事。我把 1291 年设县建城以来上海城市的空间变迁，加上当下面向 2035 年的建设有世界影响力的现代化国际大都市，区分为七个发展阶段。撰写这本书是要结合个人经历，讲讲上海建城以来的各个发展阶段以及有代表性的故事。

第三是发展理论。这是我研究思考的上海，讲一些思想的故事。研究城市，我经常说城市发展是场所生产，是将空间转化成为满足人们需要的场所。城市空间是发展思想和发展理念的投影，有什么样的发展理念就有什么样的城市形态。从可持续发展的角度研究上海城市发展，我喜欢琢磨空间形态对于城市可持续发展的意义，研究其中的蕴涵和未来可能的发展方向。例如，城市发展的国土空间一般区分经济、社会、环境三个方面。过去认为三者是各自独立的系统，可以在各自为阵的基础上进行发展。而可持续性导向的城市发展则认为是包含关系，即城市空间要以自然环境作为最基本的系统，然后依次包含社会系统和经济系统。上海当下的城市发展，以生态文明和可持续发展为导向，从外向内依次用生态保护红线划分生态空间，用永久农田红线划分农业空间，用城市开发边界划分城镇空间，要努力打造一个生态、生产、生活三生协调发展的甜甜圈城市。

通过历史展望未来，我的感觉是上海正在努力实现建城700多年以来的两个重要的上升式循环。一个是，从最初的以十六铺码头起家的中国东南沿海城市，经过解放后建设内向型的生产性城市，到改革开放以来发展成为集航运、金融、贸易、创新等多元功能的世界前列的全球城市，这是提升上海的全球经济竞争力；另一个是，从最初的中国传统的江南水乡城市，经过开埠后的西方式现代化，到现在建设有世界影响力的中国式现代化国际大都市，这是提升上海的可持续发展竞争力。上海不希望被称为东方的巴黎和亚洲的纽约，上海未来的发展是要在世界可持续发展浪潮和城市网络体系中建设成为有引领潮流意义的全球头脑城市。

1

南市老城厢（1291—1843）

老城厢是上海城市发展之根，解读魔都上海的前世今生，要从老城厢开始。所谓有了老城厢，上海城市的历史是 700 多年；没有老城厢，上海城市的历史只有 100 多年。

001—010：从老城厢开始读上海

001）魔都之魔，最直观的是城市空间形态之魔。比较北京与上海这两个中国一线城市，帝都的空间有不变的中心，城市发展围绕紫禁城一圈一圈展开，是典型的中国套箱结构；魔都的空间却是飘逸的中心，不同时代有不同的中心，是变化的多中心结构。解读魔都上海的城市空间及其气质，要讲清楚马赛克般的城市中心是怎样形成和变化的。

002）对我来说，从老城厢开始讲上海城市的发生与发展有两个理由。一个理由是基本的，即南市老城厢是上海城市发展之根。上海市域面积6000多平方公里，中心城区城市年轮最老的是由人民路和中华路圈起来的2平方公里左右的圆形空间。所谓有了老城厢，上海城市的历史是700多年；没有老城厢，上海城市的历史只有100多年。

003）另一个理由是个人的，从小在南市老城厢的小南门一带长大，16岁中学毕业到外地上山下乡当知青，之前的生活经历主要与老城厢有关。在外地辗转16年读完研究生回上海，跨过苏州河住在东北角的大杨浦，这个经历与浦西上海的城市空间由南向北发展有耦合，可以按照这个顺序讲故事。

004）这几年上海流行建筑是可以阅读的，马路是可以晃悠的，人们看城市的兴趣在增加。我自己就当过业余讲解者，带着社会上的发烧友看过杨浦滨江的自来水厂。但是我觉得，看城市只看几个点的单体建筑和几条线的马路街区是不够的，理解上海城市的发生发展，特别需要看到大的空间结构及其变迁，要有整体性和结构性而不是碎片化和枝节性的解读。

005）我写这本书有激情，就是想从个人的体验讲讲上海城市空间变迁的故事和感悟。我读上海城市空间变迁喜欢一层层剥洋葱皮。第一步是看这个城市空间的形态特征是什么，空间肌理与其他地方有什么不同；第二步琢磨为什么这个城市空间会发生在这个地方，它是怎么发生发展的；第三步看看从这个空间可以对上海城市精神和上海性领悟到什么东西。

006）解读南市老城厢的发生发展，第一步看老城厢的空间特征是什么。从现在的地图上看老城厢，最明显的形态特征，一个是由人民路和中华路组成的环城圆路，另一个是由东西向复兴东路和南北向河南路形成的十字路。它们组成了一个迷你型的申字形骨架，把老城厢里面的空间分成了四个象限。

007）南市老城厢有与上海其他地方非常不同的城市肌理。记得小时候除了南北向的河南南路可以跑汽车，老城厢里到处是弯弯曲曲的小街小巷。这些街巷大多数是从早先的河浜填充而来，从中可以想象最初江南水乡城镇的小桥、流水、人家情景，这样的情景是在辛亥革命后城市化进程中逐渐消失的。

008）第二步理解老城厢为什么会出现在这个位置。上海有黄浦江和苏州河一江一河，但是老城厢的发生发展更多与黄浦江的发生发展有关。当年吴淞江支流、黄浦江的前身上海浦旁边有一个港口小镇上海镇，后来黄浦江代替吴淞江成为上海流入长江的主要河道，上海镇成为苏州和松江地区的主要出海之地，上海城市由此从黄浦江边的十六铺发展壮大起来。

009）第三步看上海城市精神对南市老城厢发生发展的影响。其中最有上海性的故事是城墙的建与拆。南市老城厢1291 年设县建城的时候并没有建城墙，城墙是在 260 年后因为抗击倭寇在三个月里面匆匆建起来的。民国成立后上海又用最快速度把建了400多年的城墙拆了。从中可以看到上海城市发展从一开始就没有太强的围城意识。

010）研读上海城市发生发展，我相信城市空间是发展观念和思想文化的投影。以前学地质的时候深知观察渗透理论，有理论武装就可以从岩石和化石中读出有声有色的地球故事。现在研究上海城市空间变迁，我的视角是可持续发展理论和全球城市比较，觉得可以从感性的现象中看出一些与众不同的道理来。

011—020：没有黄浦江就没有大上海

011）小时候住在老城厢，每天早上睁开眼就听到黄浦江上轮船进出的鸣笛声，从小到大不知道到黄浦江边转悠过多少次。但是包括我在内的大多数上海人，常常对为什么黄浦江是上海的母亲河说不出一个所以然。研究上海城市的发生发展，我才知道了这句话背后的故事，知道了黄浦江与苏州河在上海城市发展中的不同的作用。

012）上海的一江一河，现在是黄浦江为大，历史上却是吴淞江为大。现在黄浦称为黄浦江，吴淞江称为苏州河，就表示了相对地位的变迁。最早的时候远近有影响的是吴淞江及其上游的青龙镇。后来因为吴淞江下游河道淤堵，才有了黄浦江和上海城的脱颖而出。黄浦江催生上海城市发展有四个时间点。

013）吴淞江和青龙镇唱主角。早期的时候吴淞江是太湖水向东流入长江口的主要水道，上海浦是吴淞江下游南岸的一个支流，上海是上海浦边的一个聚落。吴淞江的重镇是青龙镇，它拥有内航和海运的优越位置。北宋曾经在这里设置市舶司，有专任监官管理征税事务。后来吴淞江下游河道淤堵，青龙镇逐渐失去了航运能力。

014）设立上海务和市舶司。1023 年北宋在上海今十六铺一带设立上海务，当时上海的酒税税收收入名列秀州即嘉兴府下十七个酒务之前十名。1277 年元朝在上海设立市舶司，上海成为江南一带主要的海上贸易港口。市舶司在全国当时只有 7 个，用现在的语言说上海是全国七大港口之一。

015）上海镇升格成为上海县。大约是在 1193—1267年间，宋朝设立了上海镇。元朝时期，管辖上海的松江知府说上海地大户广、繁庶难理，需要从当时的华亭县独立出来另外设县，县域面积约 2000 平方公里。由镇升格为县，说明当时的上海在人口、经济、赋税等方面有了更多的重要性。

016）最重要的节点事件是吴淞江和黄浦水合流。1403 年明朝时期，浙西突发大水，殃及杭州、嘉兴、湖州、松江等地区，户部尚书夏原吉受命到苏州、松江治水。当时对于治理吴淞江有两种意见。主流意见强调治理太湖水患，重点是要疏浚吴淞江出海水道；另一种意见来自上海本地人叶宗行，认为应该另辟蹊径，通过拓宽黄浦和上海浦进行排水。

夏原吉（1366—1430），字维喆，湖广长沙府湘阴（今湖南省湘阴县）人，祖籍江西德兴。早年丧父，后来跟养母长大。1390年中举人，以乡荐入太学，选入禁中书省制诰。建文帝时任户部右侍郎，后充采访使。明成祖即位后，升任户部尚书，主持浙西、苏、松治水事务，助成了吴淞江与黄浦江的合流入海工程。

叶宗行，名宗人，明上海县鲁汇（今闵行区浦江镇）人。明永乐初，吴淞江下游壅塞，苏州、松江府一带大水成灾。1403年，叶宗行上书户部尚书夏原吉，建议接通黄浦，汇并吴淞江以增强水势，冲泻入海。建议被夏原吉采纳。后来因为治水有功被提拔为钱塘县知县。黄浦江开浚后水患大解，为数百年后上海以港兴市创造了条件。

017）夏原吉经过实地考察，接受了叶宗行的建议，决定拓宽黄浦和上海浦。这在历史上称之为江浦合流或黄浦夺淞，当时吴淞江与黄浦江在今日复兴岛北面的虹江（原意旧江）进行交汇。明朝后期进一步治理吴淞江，放弃了北边的旧江，改道南边的宋家港，到海瑞治水时期最终形成了我们今天在外白渡桥看到苏州河从这里汇入黄浦江的局面。

海瑞（1514—1587），字汝贤，号刚峰，海南琼山（今海口市）人。明朝著名清官，经历了正德、嘉靖、隆庆、万历四朝。嘉靖二十八年（1549年）海瑞参加乡试中举，历任州判官、户部主事、兵部主事、尚宝丞、两京左右通政、右金都御史等职。他疏浚河道，修筑水利工程，严惩贪官污吏，禁止徇私受贿，在历史上有"海青天"之誉。

018）上海城市由小到大的基本路数是以港兴市。江浦合流后新黄浦江的水面变宽，河床变深，明朝后期已经宽达1000米，可以通行当时的国际大船，从此形成了以黄浦江为主、苏州河为辅的水系格局。同时带动了上海城市的大发展，黄浦江边的码头增多增大，船来船往，沿江地区的街巷变得热闹繁华起来。

019）江浦合流或黄浦夺淞工程称得上是对上海城市发展具有从0到1价值的重大创新，其意义可以与今天在洋山岛建立深水港相比拟。每次站在黄浦江和苏州河交汇处看外滩—陆家嘴美景，我会想到应该在这里设立有关江浦合流工程的纪念碑。我记得在闵行区浦江镇叶宗行纪念馆看到的一段话："有叶宗行，才有黄浦江；有黄浦江，才有大上海。"

020）江浦合流工程或黄浦夺淞工程也是上海城市专业主义最早的一次显示。上海城市发展往往得益于两方面的力量。一方面是民间对上海本乡本土有精深研究，向上提出标新立异的专业化意见；另一方面是主事的官员从善如流，将民意吸纳为主流。没有两方面力量的相向而行，上海不可能达到现在这样的发展水平。

021—030：环城圆路与城墙

021）看地图，一眼可以看到南市老城厢的周围是由人民路和中华路形成的环城圆路，这是古代上海的城墙轮廓。小时候住在大南门，出门就是中华路，或步行或坐 11 路电车绕过环城圆路许多次。我一直认为，上海城市发展那么多年，能够把这个轮廓保留下来了不起。城墙内的面积有 2 平方公里，我常常把它作为基本当量研究上海城市空间的发展。

022）环城圆路的位置原来是上海城墙外的壕沟，1911 年辛亥革命后拆了城墙填了壕沟建成环城圆路。有资料说我们家在中华路糖坊北弄的老房子就是建在大南门城墙外的壕沟上。建城墙，中国许多城市是先有墙后有城，上海是先有城后有墙；拆城墙，却是上海在民国成立后搞城市现代化行动起来的第一要事。

023）上海老城厢的城墙故事发生发展有四个阶段。1292 年上海虽然建了县衙，但是一直到 1553 年长达 260 年没有搞城墙。据说有一大一小的理由对此进行解释。大的解释是全国性的，说设县之时是元朝统治，用蒙古骑兵打下江山的朝廷为了强化统治，下令拆除绝大多数城市已有的城墙，禁止筑城便于骑兵部队镇压叛乱。

024）小的解释是地方性的，元朝被明朝替代后，许多城池恢复修建城墙，但是上海没有行动。上海士绅顾从礼曾经解释说，在上海居住和进行贸易的商人"半是海洋贸易之辈，武艺素所通习。海寇不敢侵犯，虽未设城，自无他患"，因此对建设防御性的城墙最初并没有迫切需求。

顾从礼，字汝由，南直隶松江府上海县人。曾奉命巡视承天府，后又参与编纂《承天大志》和皇室谱牒，并因擅长书法而摹抄《永乐大典》。嘉靖中后期，顾从礼升任光禄寺少卿。1553年（嘉靖三十二年），因受倭寇侵袭，上海市民决定筑城抗倭，当地财政不能支撑。顾从礼越权上书请求朝廷拨款。同时他还捐出粟米四千石，助力修筑小南门。

025）上海后来建城墙是因为受到了倭寇的骚扰。1553年倭寇一年内侵袭上海许多次，在县城内造成了重大的人身与财产损失。于是，顾从礼代表上海的官员百姓向朝廷进书，要求开城筑垣。得到朝廷批准后，上海官民用三个月时间很快建成了东南西北有六个门的椭圆形城墙，而中国许多城市是方形城墙。顾从礼等人还自己掏钱捐助修筑其中的小南门。

026）修建城墙，使得上海老城厢有了城和厢的空间区分，慢慢地也有了城思维和厢思维的差异。城墙之内的是城，是以县衙和县学文庙为代表的政治文化中心；城墙之外的是厢，是以十六铺码头和贸易市场为代表的商业贸易中心。这与一般的情况有差别。城市，通常城是城郭，市是市场，市在城中，城是围绕市场发展的。

027）上海开埠以后，人们看到城墙隔断县城与港区之间的联系，对经济社会发展不利。1905年上海地方自治，李平书主持市政，开始动议拆城墙。但是有保城派表示反对，认为法租界在北边贴着老城厢发展，没有城墙华人会受到损失。权衡之后，1909年采取的折中方案是增开城门，新开的三个门即小北门、新东门、小西门，表达了连通法租界的含义。

李平书（1854—1927），号瑟斋，江苏宝山县高桥镇人。早年肄业于上海龙门书院。曾为《字林沪报》主笔。后任广东陆丰等知县。1900年入张之洞幕。1903年任江南制造局提调。1905年任上海城厢内外总工程局总董。1911年任沪军都督府民政总长，为上海城市近代化做了许多开创性的事情，包括拆城筑路，建立电车公司和水电厂等。

《李平书传》，冯绍霆著，上海书店2014年版。该书认为李平书是上海建设独立市的最早提出者，作为清末民初时期上海的绅商领袖，他曾两度投身上海地方自治运动，推进上海城厢的现代化进程。该书再现了李平书在不同时期、不同方面的活动，弥补了近代上海绅商研究与城市发展的空白。

028）1911年光复之后，为了促进华界城市发展，时任上海民政总长的李平书召集会议再次提出拆城问题。这一次拆城建议得到普遍赞成，经过法定程序后开始执行，将原来的城壕改建成为宽阔的交通干道。1913年完成北半环与法租界交界的民国路（现在的人民路），1914年完成南半环与原来作为厢的区域沟通的中华路。

029）拆除城墙使得上海老城厢从空间格局到治理体系发生了重大变化。一方面，代表传统城市统治界限的城墙被拆除，老城厢的城市空间开始向现代城市转变。另一方面，城墙内代表旧皇朝的将近650年没有变的政治中心县署被迁建，县衙分解成为多个小块的行政机构。正是在这样的背景下，李平书等人后来提出了建设上海特别市的构想。

030）对于拆除城墙这件事，现在有人表示可惜。其实历史表明，拆除城墙，第一，确实给上海老城厢带来了根本性的面貌改观，解决了交通建设和经济发展等方面的问题；第二，上海当时倡导地方自治，拆城墙的事情是大多数人表示同意的。像许多非上海人赞赏上海人那样，李鸿章曾经说李平书不像上海人。在人们的心目中，李平书是上海最早的改革派。

031—040：城墙里的政治文化中心

031）旧上海南市老城厢的发展可以按照城墙的建与拆分为两个阶段。第一个是建成城墙以后的发展，这一波因为开埠后外国人在北边搞起了租界，老城厢开始衰落了；第二个是拆除城墙以后的城市现代化，这一波因为上海成立特别市后市政府迁出，老城厢的发展基本结束了。了解这两个阶段的差异，对于认识老城厢的城市建筑和空间肌理是重要的。

《上海老城厢百年：1843—1947》，黄中浩著，同济大学出版社2020年版。本书从历史资料入手，整理出老城厢有记载的建筑物在不同时期的位置，绘制了关键历史节点的城市地图。从1292、1843、1895、1914、1927、1947等时间节点展现城市在六百年里的变化，重点分析上海老城厢1843—1947年这百年的发展历程。

032）城墙建立之后，南市老城厢迎来第一次城市建设的高潮，城与厢的空间分异变得明显了。上海老城厢的发展本来源于黄浦江边的沿江岸线，从十六铺到董家渡是当时的商业繁华地区，现在把它们划到了城墙之外成为了厢。与城墙外的港口码头不同，城里建了县署、县学和城隍庙等设施，强化了政治文化意义。

033）从那以来城墙内的发展逐渐形成了三个不同的空间。以东西向的肇嘉浜为分界线，河北是由县署、县学为代表的政治文化中心；河南以南北向的县前大街为分界，东南片是由乔家浜一带私宅大户为代表的住区，西南片原来是荒野，后来因为县学文庙搬了过来逐渐成为新的文化中心。

034）老城厢是典型的中国江南水乡城市，进出以东西向的三条水路为主。北部的方浜往东出小东门连接十六铺，南部的乔家浜—薛家浜往东出小南门连接董家渡。中间的肇嘉浜是老城厢最长的水道，贯穿城市东西，往东到黄浦江边，往西可以一直通向松江府。由三条河浜及其支流再支流的水网构成了老城厢的城市纹理，现在的路网系统是这种纹理的反映。

035）老城厢的街巷发展是以县署为中心展开的。县署前面是东西向的道路，往东通到县学，往西通到城隍庙。围绕县署有三条南北向的道路，左右两边分别为三牌楼路和四牌楼路，正前方的县前大街即今天的光启路向南一直通到大南门，是城墙内当时形态最规整的道路。我们小时候到城隍庙去玩，沿着光启路笔直走过去就到了。

036）有城墙之后的显著变化是大户人家在城里建了私宅园林，主人常常是在朝廷任过职告老回乡的官员，其中最出名的是徐光启。最早建设的陆深宅和潘恩宅分别位于县署旁，潘宅后来变成了今日的豫园。稍微晚一些的唐宅和赵宅建于肇嘉浜以南，最晚的徐光启宅建在靠近大南门的今乔家路上。有人认为乔家路一带是明清之际上海大户人家的集聚区。

《乔家路》，倪祖敏著，上海文艺出版社 2019 年版。作者依据典籍考证和居住在乔家路上的生活经历，描述了南市老城厢乔家路一带的璀璨人文，讲述了乔家路的路名由来以及区域内的名人故居与历史遗址，包括明清时期的九间楼、书隐楼、宜稼堂，以及后来的警钟楼、梓园等，介绍了不为外界知晓的历史人物与事件。

037）今天我们看到的老城厢那些明清建筑主要是建城墙以后发展起来的，它们成为现在重点保护的珍稀之物，包括了大境阁（1553）、九间楼（1562）、豫园（1559）、沉香阁（1600）、书隐楼（1736—1795）等。可以说，老城厢的老就是以这些硕果仅剩的历史建筑定义的，没有它们，上海的城市之根也就没有了。

038）城墙外的十六铺沿江地区本来是上海城市发展的原动力，建城墙用人为因素区分了城墙内的政治文化空间和城墙外的商业贸易空间。清朝画的一些地图常常重城轻厢，对后者轻描淡写。城市空间的这个重大重构与中国传统文化的等级思想相关联，但却严重干扰了上海原来以商兴市、以港兴城的城市空间增长规律。

039）由此带来的一个结果是，城与厢的空间分异，就像现在的城里与城外、城市与乡村关系一样，为后来的城市空间的阶层化发展埋下了种子。由此可想，上海城市发展后来流行的上只角和下只角的说法，虽然与租界的发生发展直接有关，但从最初有关城与厢的空间区分看是有思想基础的。

040）城市发展常常面临两个方面的挑战。一方面，不同的空间要有不同的专业功能；另一方面，基本服务应该尽可能平衡。上海建城后的城厢分化，实际上是基础设施和公共服务在空间上非均衡分布的表现和开始。上海城市空间变迁每个阶段有每个阶段的上只角和下只角，研究解读它们的缘起和如何化解是有意义的。

041—050：拆除城墙后的现代化

041）几百年前建城墙带来的老城厢发展主要是古代上海的代内分化意义，几百年后拆城墙带来的老城厢发展却有时代变幻的代际变革意义。辛亥革命成功后上海动手拆城墙，是打响了城市现代化的发令枪。跟随拆城墙而来的一系列城市更新，在南市老城厢江南水乡城镇基底上打下了现代化的印记。

042）老城厢的水系被填筑成了路。老城厢发展几百年，河道水系已经充满垃圾、严重淤塞，失去原来的水运功能。拆除城墙后的城市化运动，从填河筑路开始，从北往南依次填掉了三条主要的水系，方浜一线变成了现在的方浜中路，肇嘉浜一线变成了现在的复兴东路，乔家浜和小南门外的薛家浜一线变成了现在的乔家路和董家渡路。

043）搞了一批现代化的市政设施。1907 年成立上海救火联合会，1909 年建立警钟楼，后者成为老城厢观测火警并报警的地方。1910 年老城厢设立清洁所，城市清洁管理开始进入现代化的轨道。1914 年环城圆路建成后华界有了有轨电车交通。1917 年南市电灯厂的电灯使得老城厢告别了煤油灯时代。1920 年自来水厂建成，老城厢地区开始用上自来水。

044）小时候住在小南门，有空就喜欢到警钟楼下面去玩。警钟楼是南市老城厢的制高点，1909年由李平书提出建造，1910年完工并向市民开放。1911年陈其美和李平书在警钟楼发信号举行光复起义。1927年王若飞指挥的上海南市工人武装起义也是以警钟楼的钟声为信号。为了纪念李平书对老城厢现代化的贡献，警钟楼曾经立有李平书的铜像。

045）建设一批新式石库门里弄。上海的石库门房子主要分布在租界，但是民国成立后也越来越多地出现在华界。也许是拆除城墙带来的好处，南市老城厢的许多石库门房子建在环城圆路上。我和一些中小学同学是在中华路旁的石库门里弄里长大，感觉与住在老城厢的一些旧式建筑比，居住条件和生活便利性要好些。

046）石库门里弄，在老城厢中最有代表性的是尚文路上的龙门村，那是我们小时候有空没空喜欢去玩的地方，在鱼骨式的弄堂转来转去感到很神奇。龙门村原先是名叫"吾园"的私家花园，曾经是龙门书院和上海中学所在地。1934年上海中学迁往上海南郊。原校址土地出售由业主建房取名叫作龙门村。

047）环城圆路筑路后，原来的那些门成为沟通上海老城厢内外的繁华地区，日常生活有事情去东南西北几个主要的门很方便。平时买早点、买菜、买油盐酱醋、理发等，到小南门和董家渡路解决问题。买衣服和高档一点的东西或文化娱乐看电影，是去老西门。买水产品，最好去小东门和十六铺。过年要看热闹，是去新北门附近的城隍庙。

048）南市老城厢的路网，沿袭原来的水道，原来以东西方向为主，南北向的道路不发育。拆除城墙以来的一个重大变化是，原先作为英租界西边界路的河南路开始向南延伸，先是法租界打通了从延安路到人民路的一段河南路。解放后1956年往南延伸到了中华路，改革开放后2000年进一步延伸到了陆家浜路，从此河南南路成为贯穿老城厢南北方向的主干路。

049）小时候，寒暑假放假到宁波乡下去，总是在河南路上坐66路公共汽车到老北站。现在坐地铁10号线经过市中心，我会想起这是在河南路的地下开。老城厢县衙时代南北向的主要街巷是光启路，现在河南南路代替了光启路，其与复兴东路一起形成十字轴，把原来城墙内的空间分成了四个象限。

050）现在研读南市老城厢，可以按照四个象限识别老城厢的空间结构、代表性建筑及对外联系。东北象限有豫园和城隍庙，对外通过小东门到十六铺；西北象限有大境阁和露香园，对外通过小北门到八仙桥和大世界；西南象限有文庙和龙门村，对外通过老西门通向复兴中路和文化广场；东南象限有警钟楼和书隐楼，对外通过小南门通向董家渡。

051—060：白相城隍庙

051）解放日报记者做上海学者与上海城市的采访文章，

请我谈从小时候居住的地方看上海的城市变迁。我本来想谈老城厢小南门的市井生活，得知还没有人谈过城隍庙，马上说那还是谈城隍庙更重要。我说，城隍庙是上海人的乡愁，不知道城隍庙，就不知道上海城市发展的江南文化基因。

052）上海人逢年过节有白相城隍庙的情节。不管上海再怎么摩登，每年元宵节最热闹的地方一定是城隍庙。小时候过年，我最盼望的就是清晨起床后，大人关照说"今天早饭不要吃太多哦"，这就意味着，今天就是那个一年一度大人带着孩子去城隍庙吃吃玩玩的日子。孩提时代，衡量一个地方好不好的方式，就是有没有好吃好玩的东西。

053）城隍庙前一字儿排开的小吃摊和美食边上的杂耍，构成了孩子们眼里的欢乐世界，那是那个时代儿童的"迪士尼乐园"。如果白相城隍庙有味道，对小时候的我首先是桂花糖粥的味道，到城隍庙吃一碗桂花糖粥是经常的事情。拓展开去，还有"双档"（面筋、百叶包）、鸡鸭血汤、油墩子以及其他报不上名字的一大堆美食。

054）美食摊边上的是各种各样的杂耍，可以一边吃一边看。操着各种地方语言的手艺人各有奇招。有耍猴的、拉洋片的、玩叉铃的，还有拉弹弓、抽"贱骨头"（陀螺）的，手艺人还会卖一种竹叶扎成的吹管，一吹，管子前端伸出好长。在孩子的眼里，许多东西像魔法一样不可思议，驻足流连，不肯挪步。

055）城隍庙里里外外还是上海远近闻名的小商品集散场

所。会过日子的上海主妇要买几粒形状和颜色各异的纽扣，或者配一段橡皮筋和拉链，热水瓶掉了一个软木塞，或者汤婆子断了把手，常常要跑到城隍庙来。这些细碎的小东西在别处买不到、配不齐，在城隍庙周边的小店里，基本都能找到。

056）上小学的时候，我喜欢画画和刻花样，常常一个人跑到城隍庙的剪纸店买花样子，办完事会东逛西逛把城隍庙逛个遍。我总是从方浜路上的南门进入，逛一圈从福佑路的北门出来，再从北边的另一个门进去，从南门出来。城隍庙什么角落有什么东西，我曾熟悉得可以说如进自己家门。

057）中学毕业后，离开上海到浙江农村下乡插队，之后招工、读书、在大学留校当老师，直到1986年研究生毕业回上海在同济大学工作。此间16年，每次探亲回上海，只要有时间我总会去城隍庙转一转。"文革"及其以后很长一段时间，拜菩萨的庙关门了，许多商铺也不再营业，小时候见惯的艺人也消失了。

058）但是饮食店还在，我会坐下来吃一碗宁波汤圆，或者点一客南翔小笼包。临走前，买上几包城隍庙梨膏糖或者五香豆，回外地分送同事和朋友，这些东西谈不上好吃不好吃，却像现在出国买一点巧克力回来送朋友。回故乡重温童年的饮食，全是乡愁的滋味。去异乡散发带来的土产，也全是乡愁的滋味。

059）到同济工作后，有外国友人来访，我会陪着去看城隍庙。带着友人走一走九曲桥，进入豫园看江南园林，送一本曾经主持修复豫园的陈从周教授的英文版《说园》。中午去绿波廊，点上一份英国女王伊丽莎白二世访沪时尝过的"同款点心"，饭后去湖心亭喝一杯龙井或碧螺春。这样下来外国友人已被"震慑得服服帖帖"了。

陈从周（1918—2000），原名郁文，别号梓翁，浙江杭州人。同济大学教授、博士生导师，中国古建筑、古园林专家，上海市哲学社会科学大师。擅长文史兼工诗词、绘画。他熔中国文史哲艺与古建园林于一炉，出版《说园》等研究中国园林特别是苏州园林的专著。1987年主持上海豫园东部复原设计，指导了国内诸多古园的维修和设计工作。

060）城隍庙是上海普通人生活的一种写照，从这里可以看到中国江南传统和市民日常生活的各种适意和便利，体验与外滩、南京路、陆家嘴的摩登全然不同的风格。上海城市文化被概括为江南文化、海派文化、红色文化三种形态。我觉得，白相城隍庙应该成为体验上海城市江南文化的窗口，从这里开始咀嚼从老城厢起步的上海故事。

061—070：老西门曾经是文化高地

061）现在坐地铁去南市老城厢，沿着原来的环城圆路设有三个站，即 8 号线和 10 号线经过的老西门，10 号线经过的豫园，以及 9 号线经过的小南门。这三个地方是我以前住在南市老城厢经常逛游的地方。小时候一直觉得其中的老西门鹤立鸡群，是老城厢的文化高地、商业中心和交通枢纽。

062）小时候住在老南市，大人小孩要买好一点的东西，如果不去南京路和淮海路，一般会去老西门。我从家里走小路步行至大南门再到老西门，一路会经过现在讲起来特别有文化意义的那些地标：先从尚文路经过龙门村，然后转学前街经过蓬莱电影院，然后走文庙路经过文庙，穿出去就到了老西门。

063）1553 年上海县建立城墙的时候，老西门一带其实是荒地。这里后来成为老城厢的文化中心，是因为 300 年后在老西门城门内建立了新学宫。1854 年清军与小刀会在老学宫发生殊死战斗，老学宫被毁坏殆尽。1858 年上海道台和县署决定在老西门内今文庙路建设新学宫，老城厢的政治中心与文化中心由此开始各居一隅。

064）小时候去文庙，吸引人的事情是看地摊上的小人书。文庙后来声名远扬，是因为 1990 年代搞了上海最大的旧书交易集市。这之前文庙一年办 4 次书市（春节、元宵、暑假、国庆），1993 年有大学生写信给黄菊市长，建议办成像法国塞纳河边十里书市一样的周日书市。黄菊市长征求上上下下意见后，采纳了这个建议。

065）从那以来相当长一段时间，周日逛文庙书市，成为上海读书人的乐趣。用 1 元钱买一张门票，大多数书价格在 5 元钱以下，一次书市可以达到两三千人的爆棚盛况。我本来也是校内外出了名的逛书店分子，有趣的是我自己却一次也没有去过文庙淘旧书，可以解释的理由是我讲课做研究用新书相对多一些。

066）新学宫迁建老西门，文化教育机构也跟着在这里集聚起来。其中建立在今尚文路龙门村的龙门书院，清朝废除科举后改名龙门师范学堂，民国伊始改名江苏省立第二师范学校，1927 年成为江苏省立上海中学。小时候经常去龙门村玩，后来在上海中学读书，知道上中最早源于此地，感觉与龙门村有了亲缘关系。

067）开近代教育先风的四大书院（敬业、龙门、梅溪、蕊珠）有三所建立在老西门。除了 1865 年开办的龙门书院，还有 1748 年开办后来从东北角搬到这里的敬业书院（现敬业中学），以及 1878 年由龙门书院毕业生兴办的梅溪书院（现梅溪小学）。从三个书院出来一大堆中国近代名人，例如龙门书院有李平书等，敬业书院有叶企孙等，梅溪书院有胡适等。

068）民国以后老西门地区又增加了中华大戏院等一批新的文化基础设施。其中位于学前街的蓬莱电影院离家近，常常去那里看电影。蓬莱电影院建于 1930 年，原叫蓬莱大戏院，放映电影兼演戏剧。蓬莱大戏院最光荣的历史，是 1937 年"7·7 事变"后中国剧作家协会在这里成立，创作和公演了抗日话剧《保卫卢沟桥》。

069）老西门的另外一个重要性，是它曾经是老城厢的交通枢纽。中华路、复兴路、方斜路三条马路在这里交会，吸引了乔家栅、大富贵、全泰、协大祥等一批商业老店的集聚和热闹。当年老西门是 11 路、14 路、24 路电车的终点站，可以从这里坐 14 路电车去东北角的虹口和杨浦，坐 24 路电车去西北角的普陀。

070）2021 年政府决定整修文庙古建筑，这对重振老西门的文化雄风很重要。我觉得，文庙整修不能简单看作是保护单个历史建筑的事情，而要看作对老西门地区发展有战略意义的引领性事件。上海老城厢的古城文化涉及东南西北四个象限，西南角老西门的文庙与东北角新北门的城隍庙可以唱双簧。

071—080：小南门的市井生活

071）老城厢东南角的小南门与董家渡要旧改了，我们家位于大南门邮电局旁有七八十年历史的老房子被估价收购了。拆迁之前和拆迁之后，我几次到老家几个熟悉的地方走了走，想在老地方变得焕然一新、不可认识之前保留一些旧时的记忆。从小生活在小南门—大南门一带，我有我们这代人的老城厢市井生活的图像。

072）早晨天还没有亮，环卫工人的摇铃声开始响了起来，各家各户打开门，睡眼惺忪地拎着马桶出来倒马桶，弄堂里响起了此起彼伏的刷马桶洗痰盂的声音。接着有人开始点火生煤球炉，弄堂里冒出了一缕轻微的烟。随后有人出去到旁边的老虎灶打开水，有人出门到糖坊弄去上厕所，有人拎着竹篮子到小南门去买早点。

073）逢年过节，起早的人就多了。买年货是凭票供应的，有了票也需要排队。要买到蹄髈、带鱼、水笋、油豆腐、粉丝这样的东西，往往半夜就要去位于府谷街的小菜场排队。弄堂里的人互相帮忙，排队放个小凳子什么的，给后面的人说这里还有人。赶在开市前面，把凳子换成真人，当然这样做总是引起这样那样的争执。

074）白天在上班上学的日子里，弄堂里的生活是安静的，汪师母诸师母等家庭主妇，常常搬个小凳子坐在家门口一边拣菜洗菜，或者在水龙头前一边洗衣服，一边谈家长里短。到了周末的时候就会热闹很多，放了学的小孩子在弄堂里玩跳绳子、造房子、刮纸片、打弹子一类的游戏。有时候会有人把炒米花的人请到弄堂里，大家排队轮流做炒米花。

075）平时做家务，我最喜欢大人叫我出去买东西。到董家渡路的糟坊去买油盐酱醋，到马路对面黄家路上的粮店买米买面买馄饨皮子，到废品收购站把积攒起来的废铜烂铁鸡肫皮秤分量卖出去，到一家春饭店去买一个菜如黄豆脚爪汤之类。我从小喜欢逛弄堂转马路，干这些事情一溜烟的工夫就完成了。

076）夏天的傍晚和晚上，弄堂里和马路上是最热闹的。

房子小，大家都没有卫生间，家里面用木盆装水轮流洗澡，没有洗的或者洗好澡的人就搬着椅子到弄堂里和马路上坐。全部洗完了，用洗澡水上上下下把地板拖干净了，开始拖出桌子聚在一起吃晚饭。晚饭后各家各户搬出凳子椅子到马路上路灯下乘凉，一直坐到有凉意了才回去睡觉。

077）有时候，夏天的晚上吃完饭，舅舅会带着我们几个孩子出去到小南门董家渡路转一圈，沿着董家渡路往里走，一边走一边看热闹，走到黑咕隆咚没有多少人气的地方折回来，然后在府谷街口的水果店买西瓜或雪糕吃。这种时候最有意思的是看各种街头杂耍，看到有人喝醉了在街头耍酒疯，什么样的西洋镜都会发生。

078）那时候弄堂里的邻居相互照应很多，家里烧了好吃的，或者乡下有人送杨梅水蜜桃这样的特产来，会左邻右舍送上一点尝尝鲜。我和对门邻居的儿子从小一起长大，后来一起到杭州玩，就带着他住在杭州西湖边我的舅公公家。碰到红白喜事，走动比较多的邻居会相互帮忙。姨妈去世在龙华殡仪馆做葬礼，要好邻居的几个孩子都来参加。

079）小南门的市井生活，用当代城市 15 分钟生活圈的概念看，许多日常事情是可以出门用步行距离解决的。上小学是在东江阴街，来回走很方便；过年了洗澡有府谷街上的百年老店丽水浴室；周末参加校外活动，区少年宫就在小南门；邮局收寄东西，家门旁有现在是上海优秀历史保护建筑的大南门电报局；看医生去马路对面黄家路上的南洋医院。

080）小南门给我留下的最大印象是老城厢的烟火气。这一带的警钟楼、大南门电报局等历史建筑当然应该保护，但是大多数老房子是没有保护价值的。这种情况下如何保护这里的烟火生活和街巷纹理是考验智慧的事情。如果旧改把袖珍的街区变得粗大了，低平的房子变得突兀了，弯曲多变的街巷变直了，就没有什么乡愁了。

081—090：陆家浜以南的城南旧事

081）小时候去陆家浜路以南玩，发现这里的路名如制造局路、南车站路、半淞园路等与老城厢的风格不一样。后来知道了这里的城南旧事，现在讨论老城厢，除了城墙内的县城以及城墙外的十六铺和董家渡，我特别强调要包括陆家浜以南的城南地区。因为这里是开埠后上海华界城市现代化的最早的试验场。

082）1843年上海开埠后，租界空间的迅猛发展对华界提出了挑战。华界地区追赶式发展的表现，一方面是对老城厢的老空间进行城市更新，拆除老城墙建环城圆路等是这样的路子；另一方面是在新空间按照近代化的思路发展新城区，陆家浜以南的高昌庙一带就是这样发展起来的。按照现在的说法，前者是城市存量更新，后者是城市增量发展。

083）对陆家浜以南地区发展具有带动意义的事件是建立

江南制造局。江南制造局 1865 年建立，早先位于虹口美租界，后来迁移到黄浦江上游的华界自己地盘，制造局路的名字就是由此而来。租界时代的江南制造局，与杨树浦一带公共租界东区的外国工厂，一南一北，形成了开埠以来上海的两个有对比性的工业空间。

084）江南制造局全称是江南机器制造总局，是清朝洋务派李鸿章一手打造起来的中国近代第一工厂，也是晚清中国规模最大的军工厂。江南制造局雇用了中国近代最早的一批技术工人，薪水是当时城市苦力的 4 至 8 倍，并且设有翻译馆等文化教育机构。1911 年上海光复以及 1913 年孙中山发动二次革命，攻打江南制造局是上海革命的成败关键。

李鸿章（1823—1901），号少荃，安徽合肥人。晚清军政重臣，洋务运动倡导者。1853 年入曾国藩幕，后任两江总督。1865 年买进美商旗记铁厂，建立江南制造局。1872 年在沪设立选送儿童出国学习的出洋总局，开办上海轮船招商局。1876 年在沪开设机器织布局，架设津沪电线，创办新式学堂等。1891 年在沪募股建伦章纸厂。

085）1905 年江南制造局局坞分家，造船部门独立出来。辛亥革命后改称江南造船所，解放后的江南造船厂就是由此而来。2010 年上海搞世博会，江南造船厂整体搬迁到了长江口的长兴岛，原来的空间改造用作上海世博会的企业展示馆等。从江南造船厂可以看到中国百年近代工业是如何发展起来的。

086）带动陆家浜以南地区发展的另外一个事件是建造上海南火车站。上海南火车站建于 1908 年，站址位于今瞿溪路与中山南路之间，是个很有气派的欧式建筑。小时候从大兴街往南走，走到南车站路，却没有看到真的火车站。后来知道南火车站在 1937 年淞沪战争中被日本人炸毁，当时欧美所有报纸的头版都刊登了一个中国婴儿在废墟中大哭的照片。

087）旧的南火车站与北火车站，一南一北形成了当时上海对外的交通枢纽，北站沟通沪宁线，南站沟通沪杭线。南站地区发展成为华界的新闹市，修建起了大兴街等一些南北向的马路。车站南面有华商电车公司于 1912 年开设的最早的有轨电车，从半淞园路经过海潮寺，开往老西门、老北门、十六铺，然后环城一圈再回来。

088）市政设施和公共项目也在这里发展起来。1917 年建成的半淞园，不同于租界里的张园和愚园，完全中式风格，开业后成为沪上一些活动的首选之地。1920 年毛泽东送新民学会同胞去法国勤工俭学曾在这里聚会。自 1902 年在这里建成华商南市自来水厂之后，1935 年华商电气公司又在半淞园旁开建了南市发电厂。

089）但是城南地区的发展夭折了。1937 年淞沪战争爆发，8 月 28 日日军飞机投弹轰炸南火车站及其周围。南站、半淞园以及一些工厂被彻底炸毁，死伤数百人。上海沦陷后，上海南站的货运业务迁到了日晖港站，旅客运输转到了上海北站。上海南站及其承担的沪杭线铁路客运功能从此成为了历史。

090）解放后在这里建立工人新村等，城南地区的发展开始复苏。最精彩的篇章是 2010 上海世博会，这里先是城市更新建设世博会城市最佳实践区，然后在此基础上发展成为上海城市更新的活力空间。世博会期间做课题提建议，我说上海设立世界城市日，城南地区和城市最佳实践区应该成为最生动的城市发展变迁展示馆。

091—100：老城厢的四种发展情景

091）2005 年在哈佛做访问学者，周末坐市郊火车到塞勒姆（Salem）转悠，看到古色古香的中国安徽民宅荫余堂从中国搬来坐落在那里，有一种惊艳的感觉。老外到上海来，看到高楼林立之中有南市老城厢这样一块中国江南风味的市镇空间，也同样有惊艳的感觉。问题是，现在去看老城厢，传统的空间遗存在变少，与老城厢城市肌理不相协调的东西在增多。

092）南市老城厢是上海极其稀缺的空间遗产，上海城市变得越摩天越摩登，它就越宝贝。老城厢 2002 年就定为历史风貌区，2003 年的城市保护规划是环城圆路内 1.99 平方公里的老城，2017 年的城市设计方案拓展到包括环线外的十六铺和董家渡共4.66平方公里。按照官方统计数据，这里有保护建筑25处，历史保护点48处，历史街巷156条。

093）矛盾的问题是：一方面，南市老城厢作为上海城市之根，加强保护是必须的；另一方面，老城厢的居住条件差，旧区改造也是必须的。南市老城厢的城市更新应该往哪里发展？事实上，现在最希望旧房改造的是老城厢的那些原住民，以后乡愁最强烈的也是那些原住民。如果改造后的一切都变了，他们的乡愁也就没有了。

094）按照是否保护历史建筑（点）和是否保护城市肌理（面），南市老城厢的发展有四种可能的情景。第一种是既没有保护历史建筑，也没有继承原来的城市肌理；第二种是有历史建筑保护，但是抹去原有的空间肌理；第三种是没有历史建筑需要保护，但是完好保留城市肌理；第四种是既有历史建筑保护，又继承城市肌理。

095）改革开放以来许多年，第一种大拆大建的清除式发展情景，现在已经不吃香了。那么其他三种情况呢？几年前我特地到老家所在的董家渡地区从头到尾转悠过一次。我打的在中山南路的董家渡路口下车，然后沿着董家渡路一路走到小南门的中华路，又到小时候上学经常走的那些街巷转了转，产生了两种不同的感受和印象。

096）在董家渡路靠中山南路的地方，大多数房子都拆掉了，孤零零看到的是董家渡天主教堂。这是法定历史保护建筑，必须留。但是我的脑子里出现的是上面想象的第二种情

　　　　一个人的上海史——我看上海城市空间变迁

景，如果未来周围变成突兀的高楼、拉直的马路、变大的街区以及大块的绿地，天主教堂没有了原来的城市文脉和肌理，这样的绅士化改造能够说是成功吗？

097）反过来，沿着董家渡路往深里走，发现许多街区人迁走了，但是房子还没有拆，弯弯绕绕的小街小巷仍然在。走过府谷街看到有百年历史的丽水浴室，走过南硝皮弄想到小时候半夜排队到这里的菜场买年货，在糖坊弄口甚至看到40多年前的厕所还存在。我的感觉是，保留这样的城市肌理应该会是有味道的。

098）南市老城厢的未来发展，最好能够呈现上述第三种和第四种的情景。对于环城圆路内原来属于古县城的那些街区，应该采取既有历史建筑保护又有城市肌理继承的方式，四个空间象限应该围绕各自的历史保护建筑进行各有特色的发展。对于环城圆路外原来属于厢的董家渡地区，则需要保护原来的城市肌理和空间风貌。

099）我突然想到，100多年前拆除老城墙在原来的位置上建设环城圆路，保留至今没有变，其实就是保护了大的城市形态和格局。正是环城圆路形成了老城厢嵌入式城中城的空间特征，环线上那些没有门却有门名的车站留下了历史的记忆。老城厢的保护式发展需要继承原来的文脉和肌理，需要保持环城圆路里面低外围高的口字形格局。

100）南市老城厢的旧城改造不是不能拆不能增，而是要小尺度精细化地做减法和加法。在这里增加新建筑，需要像种牙齿那样，种进去的新牙齿，要与原有的牙齿天衣无缝进行匹配。上海再怎么现代化，城市肌理的老古董不能丢。我相信，魔都上海应该有能力包容对待这个面积小但是历史老的城市珍稀空间，让人们看到摩天大楼之外的另一个古上海。

2

旧上海租界（1843—1912）

与许多城市围绕原来的中心同心圆式向外发展不同，旧上海的城市空间是不同模块拼贴形成的马赛克。这样的空间形态是从租界的飞地式发展开始形成的。开埠后租界城市逐渐替代和超越南市老城厢，成为上海城市发展的新空间。

101—110：租界空间的马赛克

101）与许多城市围绕原来的中心同心圆式向外发展不同，旧上海的城市空间是不同模块拼贴形成的马赛克。这样的空间形态是从租界的飞地式发展开始形成的。最早的南市老城厢是中国江南水乡城市的空间形态，开埠后的租界城市是英美法等西方格调的空间形态。开埠后租界城市逐渐替代和超越南市老城厢，成为解放前旧上海的主城区。

102）1845年和1854年的两个《上海土地章程》决定了上海租界的缘起和发展。上海城市空间发展跨越苏州河，出现了三界四方的空间格局和一市三治的治理格局。三界四方是华界、公共租界和法租界，华界包括南市老城厢与苏州河北的闸北。一市三治是华界、公共租界和法租界具有不同的治理体系。

103）从空间上看，上海旧租界主要由大大小小六块马赛克组成。其中，公共租界有4块，法租界有2块。它们是清末民初从1845年到1914年将近70年的时间里分阶段发展而来。其中，上海人谈到的旧上海上只角，主要指公共租界和法租界的西区，现在海派城市考古流行的许多租界故事多与这里的空间和人有关。

104）公共租界跨越苏州河两岸，四个片区面积共约22平方公里。中区或外滩租界始于1845年，苏州河与黄浦江的交汇处现在称之为外滩源。西界是泥城浜即今西藏中路，北界是苏州河，南界是洋泾浜。外滩租界是租界的中央商务区，这里是洋行和银行的集聚地，所谓上海是亚洲纽约的说法就是由此而来。

105）位于苏州河北的公共租界北区，1847年原来是美租界，1863年英美租界合并后成为公共租界北区。其西界是西藏北路，东界是虹口港。北区中的黄浦路曾经与北京"东交民巷"齐名，是旧上海领馆区。各国在这里设立领馆，主要理由是这里码头多，可以随时得到本国军舰保护。北区旧称虹口租界，现在称之为北外滩，正在建设上海的国际会客厅。

106）公共租界西区是 1899 年向西的扩展区。西界到静安寺和今常德路，民国文学才女张爱玲当年居住的常德公寓就在常德路上。主干路静安寺路即今南京西路是公共租界越界筑路的第一批马路。西区的形成与旧上海跑马厅多次向西扩展有关，跑马厅是公共租界西区的标志性空间，解放后改成了人民广场和人民公园。

107）公共租界东区大部分是 1899 年向东扩展而来。东界到军工路和复兴岛，北界大致是今海宁到周家嘴路的一条直线。东区是公共租界的工业区，集中了许多有百年历史的工业大厂和市政基础设施，包括杨浦自来水厂和杨浦发电厂等。东区今天已经改造成为杨浦滨江，成为世界上最大的城市工业遗产保护区。

108）洋泾浜以南的法租界，面积 10 平方公里，包括东西两个部分。法租界东部始于 1849 年。南界抵达华界老城厢的护城河，围合了老城厢的北部。1900 年法租界向西越过西藏南路扩展至今重庆南路，向南到今自忠路。金陵路是法租界当初的大马路，那时候淮海路还没有出来。小时候转悠金陵东路，喜欢这里的南洋风味骑楼街，逛街不怕暴晒和下雨。

109）法租界的西部是 1914 年大规模向西扩展形成的，又称之为法新租界。1914 年袁世凯政府用搜捕革命者做交易，与法国领事签订协定，使得法租界的空间范围一下子向西扩展到了今华山路，向南扩展到了今徐家汇路。淮海路是法租界西区超越金陵路的后来居上的主干路，一路向西发展了非常法国化的街区，上海"东方巴黎"的旧称就是由此而来。

110）租界的空间扩展是迅猛的。1853年英租界开张的时候占地55公顷，1848年西界扩张到泥城浜，占地1.88平方公里，已经相当于一个老城厢。1914年公共租界和法租界合起来面积32平方公里，相当于16个南市老城厢。此外还有越界筑路占有的空间至少37平方公里，合在一起达到70平方公里，相当于35个南市老城厢。

111—120：旧上海的十字轴

111）识别上海城市不同时期的空间特征，看两条主干河浜或者两条主干道路交会形成的十字轴，往往可以达到纲举目张的效果。苏州河南的上海旧租界的十字轴主要由延安路和西藏路交会形成，其中的重要节点是八仙桥和泥城桥。小时候老是听大人提到八仙桥和泥城桥，现在知道当年的洋泾浜和泥城浜对租界的发生发展具有重要意义。

112）八仙桥位于洋泾浜与泥城浜的交界处。1845年11月上海道台宫慕久与英国驻沪领事巴富尔签署《上海土地章程》，同意把洋泾浜以北作为英人居留地。1849年4月上海道台麟桂与法国驻沪领事敏体尼签署文件，同意将洋泾浜以南、护城河（今人民路）以北划为法人居留地。东西向的洋泾浜原是黄浦江的一条支流，现在成了旧上海两大租界的分界河。

宫慕久（1788—1848），字竹圃，山东东平人。嘉庆二十四年（1819）举人。道光六年（1826年）在云南任知县。1843年（道光二十三年）任上海道台。与英国驻沪领事巴富尔谈判西人居留地问题，商定《上海土地章程》，成为日后上海租界的基本法规。1847年宫慕久升任江苏按察使，为正三品官。史传宫慕久有较好的为政为人口碑。

G. 巴富尔（G. Balfour，1809—1894），鸦片战争中为英军炮兵队上尉。1843年任首任英国驻沪领事。1844年11月8日抵达上海，先在县城内租屋办公，11月17日宣布上海为对外通商口岸。经过同上海道台宫慕久多次谈判，划定了英国初步的居留地，后发展成为租界。1845年12月中英订立上海租地章程。1846年9月巴富尔回国。

113）1915年以后洋泾浜填河筑路，成为旧上海最长最宽阔的马路，公共租界和法租界协商后定名为爱多亚路，名称源自英皇爱德华七世。1945年中国政府正式收回租界后易名为中正东路，解放后改称为延安东路。小时候从老城厢去外滩玩，到了延安东路看到天文台和轮渡站，才算真正进入外滩黄金地段。

114）南北向的泥城浜，原来没有浜也没有桥，而是一片泥泞地。1848年借着"青浦教案"事件,英国领事逼迫上海道台同意扩大租界,将原来西边的界路(今河南中路)拓展到今西藏中路。1853年小刀会起义占领县城,租界当局以保卫租界安全为由,在这一线从苏州河到洋泾浜开凿了一条河道作为护界河,后来称之为泥城浜。

115)泥城浜上曾造过三座泥城桥,即今北京路口的北泥城桥、今南京路口的中泥城桥、今福州路口的南泥城桥。1912年公共租界工部局填浜筑路建成今西藏路,上海人将南京路与西藏路的交会处一带统称为泥城桥。1936年工部局表彰宁波商人虞洽卿为租界做出的贡献,曾经将泥城浜改成的路取名虞洽卿路。

116)洋泾浜以南,与泥城浜连接的南北向河道叫周泾浜,向南可以通到肇嘉浜。1909年法租界在这里填浜筑路,以法国领事敏体尼荫命名,1945年收回租界后改名西藏南路。周泾浜与洋泾浜交汇处原来有两座八仙桥,北八仙桥在今龙门路口,南八仙桥在今金陵路口。填浜筑路后上海人统称这一带是八仙桥。

117)西藏路一线填浜筑路后逐渐形成了旧上海两个商业中心,北有公共租界的泥城桥,南有法租界的八仙桥。泥城桥周围有大上海大戏院、新世界游乐场、大新公司(今第一百货商店)、"慕尔堂"即今沐恩堂、皇后大戏院(解放后改名和平电影院)。八仙桥周围有大世界游乐场、基督教青年会、天瞻舞台、八仙桥菜场等。

118）小时候与弄堂里的小朋友一起到市中心玩，走西藏路一路向北，看到八仙桥的大世界和泥城桥的中百公司即上海第一百货，就会兴奋地叫起来。西藏路上去得最多的地方是到八仙桥基督教青年会旁边的火车票预售处排队买火车票，开始是中小学寒暑假放假去乡下，后来是到外地工作后探亲假满了要返程。

119）西藏路和延安路的十字轴，把苏州河以南的旧上海租界分成四个象限。延安路以北是公共租界，西藏路以东的中区为第一象限，1845年最早形成；西藏路以西的西区为第二象限，是1899年拓展而来。延安路以南是法租界，西藏路以东为第四象限，1849年形成；西藏路以西为第三象限，是1900年和1914年以后拓展出来。

120）租界时期形成的这个十字轴对上海城市空间骨架的影响，一直延伸到了解放后。直到改革开放后建设内环线申字形高架路，上海城市的南北向中轴线才从西藏路往西挪到了现在的成都路或南北高架。而东西向的延安路一直在向两边延伸。上小学的时候春游到西郊公园玩，坐71路公共汽车走延安路，觉得这条路长得走不完。

121—130：外滩租界的棋盘路

121）黄浦江与苏州河的交界处是旧上海租界的发源地。这里原来是上海老城厢北部的城外荒地，杂草丛生，坟茔散布。开埠后，黄浦江边西洋风格的外滩，逐渐替代南市老城厢的城隍庙和十六铺，成为上海城市的 logo。英国人搞租界是在上海老城之外搞新城，这样的跳跃式做法后来成为上海城市空间发展的某种惯例。

122）英国人选择这里做租界现在看来是选择了风水宝地。这里北有苏州河，东有黄浦江，南有洋泾浜。小刀会起义后英国人在西面挖了泥城浜做护城河，这样英租界就成了四面环水的块状城区。当初中国道台没有让英国人在老城厢搞居住地原以为是高招，没有想到最终结果是被英国人捡了便宜。

123）去过纽约的人都知道，纽约华尔街和唐人街所在的下城是老城，纽约的中上城相对于下城是新城。纽约中上城给人带来的视觉冲击是方方正正、密密麻麻的城市网格，它们缘起于 1811 年的城市规划，被认为是欧美城市发展史上迄今为止最伟大的网格，表现了工业化以来社会对城市发展的人工设计。

124）南市老城厢与外滩租界的空间形态和关系，与纽约的情况有相似。老城厢的街巷由大大小小的河浜发展而来，弯弯曲曲，空间狭小，是中国水乡城镇顺应自然的味道。英租界的马路是十足的西方风格，纵横竖直、空间开阔、棋盘格式布局。其中，在广东路以南的河南中路两边，有两条小路直接叫作东棋盘街和西棋盘街。

125）道路取名也是两种时代的风格。老城厢的马路取名，与十六铺和董家渡码头一带的作坊手工业有关，例如篾竹弄、硝皮弄、糖坊弄等等。英租界的马路则有完全新派的叫法。东西向的道路用中国城市命名，如叫南京路、九江路、汉口路等，南北向的道路用中国省份命名，如四川路、江西路、河南路等。

126）老上海常常用编码称呼外滩租界的新马路，例如从北往南，南京路是大马路，九江路是二马路，汉口路是三马路，福州路是四马路，广东路是五马路，北海路是六马路，后来洋泾浜填浜筑路成为爱多亚路，人们顺着就叫七马路。小时候跟着老外婆去福州路喜欢画画的叔公家玩，常常说我们今天去四马路公公家。

127）英租界开始搞建设，成立了一个道路码头委员会，这个委员会后来升级成为工部局，工部局总董相当于市长。他们按照欧美建设新城的做法，当然要把马路形态按照东西向和南北向规划成为棋盘式格局。后来公共租界和法租界的城市拓展和道路建设，基本上也是采用棋盘格式的形态。

128）改革开放后我第一次出国访学是在澳大利亚墨尔本大学，看到墨尔本这个英式城市中心那些方方正正的棋盘路，理解了上海英租界棋盘格式形态与西方城市文化的关系。后来去纽约，看到更宏大的城市网格以及像坐标一样排列并且编号的马路，也理解了上海英租界为什么会有几马路的说法。

129）去过纽约的人都知道，棋盘格式城市的便利是找地方如同看坐标，确定要去的地方在第几街，是东还是西，马上就可以找到目标。在上海也有这样的规律。小时候到市中心逛马路或者买东西，例如到南京东路的新华书店，捷径是走河南路；到南京西路的大光明电影院或者上海杂技场，捷径是走西藏路。

130）民国时期搞现代化，上海外滩租界的棋盘式空间后来成为时尚被国内其他地方仿效。一个事例是冯国璋、张謇、汪大燮等人在江苏沿海倡导自发垦荒运动，在他们的影响下，1918 年大丰盐垦公司在南黄海之滨规划农田水利建设，就参照了上海英租界七横三纵的棋盘式格局甚至细节。

131—140：外滩的景观功能

131）纽约的人流中心是时报广场，上海的人流中心是外滩。白相外滩是上海人和到上海来玩的外地人和外国人的必修课。逢年过节外滩人山人海，每到这种时候政府就小心翼翼，管理起来如履薄冰。有一年跨年活动，南京路口的外滩曾经失去控制发生人流践踏事件，本来前景看好的一些官员为此丢了官。

132）小时候约上几个人一起到外滩玩，是弄堂里的小伙伴或学校里课外小组的小同学喜欢做的事情。我们走到城隍庙从四川中路穿出去到延安东路外滩开始逛，更有兴致的时候是走到新开河从金陵东路外滩开始逛。前者是直接逛英租界外滩，后者是从法租界外滩逛到英租界外滩。

133）我们那时候到外滩打卡，从南往北常去的地方是延安东路天文台、黄浦公园、外白渡桥。走完这三个地方，回过来会在南京路口现在有陈毅塑像的外滩平台上驻留下来，待上好长时间。那时候对面的陆家嘴还是空荡荡的，靠着栏杆往外看黄浦江上的大船进出，向后看南京路的人来人往和外滩一溜排开的百国建筑。

134）外滩没有商店，逛外滩是为了好看。外滩的景观功能在旧上海租界建设中凸显出来，流传的说法是有过一个金能亨之问。E.金能亨是美国人，在租界时期担任过公共租界工部局的总董。他提出的问题是外滩是租界上海唯一的风景点，不能随便让外滩这块愉快的散步之地，简单作为停靠船只的码头之用。

E. 金能亨（E. Cunningham，1823—1889），美国人，上海旗昌洋行合伙人。1852 年任美国驻沪领事代表，一般洋商称其为副领事。曾被推选为英租界道路码头委员会成员。1854 年工部局成立时被选为首届董事之一，1862 年提议上海英、美租界合并，1868—1869 年任工部局总董。主张保持外滩的宽阔通畅，要使其成为上海的景观道路。

135）开埠时英国人在外滩搞居留地，中英双方讨论黄浦江边的界线定在哪里。多年来的航运在黄浦江边留下了一条被纤夫踏出的小道，上海道台宫慕久坚持这条拉纤小道不能包括在外商居留地内，要保持畅通。在宫慕久的坚持下，巴富尔承诺居留地内在黄浦江边留出 30 英尺宽（9.14 米）的江边道路作为公共用途。

136）英租界开建后，外滩逐渐从里向外形成了三种空间，里面是各类洋行建筑，中间是马路，沿江是码头和堆货的地方。1868 年至 1869 年，金能亨担任过将近两年的工部局总董，在他卸任后，继任者亚当士听了一些人的建议，打算对外滩沿岸进行手术，主要用来开发建设码头。

137）金能亨当时在日本横滨外出，听到后感到忧虑，动手给亚当士写了一封长达 4 页的信。金能亨说，外滩沿岸不要再建乱七八糟的码头了，应该留出大片空间给游人散步。金能亨说，建设一个美丽、人文的外滩，可以吸引世界一流的交易所、银行、会计事务所到这里落户，使上海成为世界级的金融中枢。

138）金能亨的长信产生了影响。1870 年以后外滩一带开始改变面貌，控制了码头建设，岸边建筑变得高雅，马路拓宽，增加了人行道和绿色空间。日积月累，外滩终于替代老城厢的城隍庙，变成了上海城市发展和对外宣传中的地标和象征。改革开放前的 1960 年代和 1970 年代，这里的情人墙曾经蜚声国内外。

139）改革开放后外滩曾经改建成为有双向 11 车道的交通要道，用来拓展苏州河南北的交通联系。当时延安东路高架下来到外滩的中山东一路有一个下匝道，号称亚洲第一弯，开车下来拐弯可以看到黄浦江对面陆家嘴的灯火辉煌，司机们常常在这里放慢速度。但是下匝道对外滩本身的宜人环境和景观功能造成了负面影响。

140）筹办2010年上海世博会，政府修建外滩隧道把交通功能主要放到了地底下。这个工程可以与波士顿的大挖掘工程和首尔的清溪川工程比美。2010年外滩改建完工，休闲观赏功能开始成为主导。目前南京东路的步行街正在拓展到外滩，我希望有朝一日外滩一带，从外白渡桥一直到延安东路都可以成为赏心悦目的步行道。

141—150：南京路的 TOD 和 PPP

141）现在南京路很少去了，小时候逛南京东路却兴致勃勃，常常从头逛到尾。不是从西藏路口进去到南京东路外滩出来，就是反过来从南京东路外滩进去到西藏路口第一百货出来。有激情的时候还会穿过西藏路沿着南京西路走下去，一直走到铜仁路口的现上海展览中心（租界时期的哈同花园）才罢休。

142）开埠的时候，南京路的前身花园路只是最初的几条东西向马路之一，并没有老大的地位。南京路后来成为上海第一路，与当时的房地产大亨哈同有关系。哈同买了南京路周围的土地，用商人的精明把南京路做成了上海的品牌。有趣的是，哈同搞南京路的套路似乎可以用今天的 TOD 和 PPP

概念进行解读。

S. A. 哈同（S. A. Hardoon，1851—1931），英籍犹太人。出生于巴格达，1856年随父母迁居印度盂买，并加入英国籍。1872年只身到香港，第二年转到上海在沙逊洋行供职。1887年任法租界公董局董事，1898年任公共租界工部局董事。1901年创办哈同洋行搞房地产，开发南京路获得巨大成功。1904年兴建私人花园爱俪园（哈同花园）。

143）哈同是我们小时候就听多了的名字。最初哈同没有看好南京路，是夫人罗迦陵提醒了他。一是1884年法国在云南挑起中法战争，上海租界的外国人当时担心租界会被中国政府收回，他的新婚夫人却说现在是买地的好时候；二是租界内外的人并不认为南京路会怎么样，他夫人却说南京路会成为上海最有发展前景的地方。

144）哈同夫人罗迦陵是中法混血儿，父亲是法国侨民，母亲原籍福州。1864年罗迦陵出生在上海南市老城厢的九亩地。出生后不久父亲回法国，六七岁时母亲也去世，由他人抚养。罗迦陵识字不多，但聪明伶俐，充满上海女人的智慧。她曾经做过外侨女佣和卖花女，在逆境中自强不息学会了说英语和法语。

145）哈同在未发迹时见到罗迦陵，认定这个比他小15岁的小姑娘有助男运，立志要娶这个上海姑娘，并因此赚钱动力剧增。1886 年哈同在获得第一桶金的时刻实现誓言，在烟花巷中找到了罗迦陵，娶其为妻。罗迦陵在哈同后来的打拼中果然给了他极大的帮助。据说旧上海弄堂名字是"慈"字头的，如慈昌里等，都是罗迦陵的物业。

146）1880 年代起哈同开始发宏论，说南京路"居虹口、南市之中，西接静安，东达黄浦，揽其形胜，实为全市枢纽，其繁盛必为沪滨之冠"。许多人以为哈同吹牛皮，但是哈同这样说也这样做。他以每亩 20 两白银的价格大量收购南京路河南中路以西的土地，后来那一带 44% 的土地被哈同收入囊中。

147）哈同曾任公共租界工部局的董事。1906 年南京路要开通电车，本来修路是工部局的事情，哈同主动提出愿意掏钱铺设红木马路。他斥资 60 万两白银，从国外进口 400 万块硬质铁藜木铺路，雇了 120 名筑路工，用两个半月时间把南京路建成了远东最平整、最豪华的现代马路。一时间南京路轰动国内外，带动地价飞涨。

148）完成南京路转型，哈同开始出租两边的土地。他规定沿线只能建造高质量的高楼大厦，限定了楼层、造价和租赁年限。1918 年开始河南中路以西的南京路上先后出现了先施、永安、大新、新新等四大公司，一跃成为最繁华的商业街。四大公司的房子都很漂亮，但是只有 20 年产权，20 年以后连房子带土地要还给哈同。

149）哈同打造南京路，在我看来是一个古典 TOD 的故事。TOD 是公共交通引导城市发展的现代概念。精明的哈同用红木铺设南京路是提前一步发展城市交通基础设施，开发南京路沿线的商业功能是随后利用交通设施进行城市建设。不同的地方是，南京路的交通引导发展是围绕一条路，现在的交通引导发展是围绕一个枢纽。

150）甚至还可以用现在的 PPP 概念，即公私合作伙伴概念，对哈同打造南京路进行现代版的解读。南京路本身应该是公共物品，哈同斥资 60 万两白银用红木铺设马路是不赚钱的。南京路沿线开发是市场化的事情，哈同的投资是从南京路沿线的商业功能得到回报。通过这个过程，哈同实现了从"洋装瘪三"到"远东首富"的华丽转身。

151—160：淮海路上讲情调

151）上海人有一种南京路上看腔调、淮海路上讲情调的情节，觉得淮海路的上海味更浓、更深。上海小青年谈朋友逛马路，淮海路常常是两情相悦的不二选择。我自己第一次吃西餐是在淮海路的上海西餐厅（现在属于红房子西餐馆）扫的盲。小时候在上海中学读书的时候是住宿，周末回家，常常要在淮海路上从头走到底浪一次。

152）时尚服装是淮海路上的靓丽风景。买上海味道浓一些的衣服，上海人最多去的是淮海路。特别是，淮海路以"女性用品"著称，集中了许多以女装为主的时尚店，如专卖女性用品的古今胸罩、上海妇女用品商店等这种上海性十足的商店。有人说，如果南京路代表了上海的阳刚之气，那么淮海路就是上海的大家闺秀。

153）淮海路两边的弄堂有较好的居住环境，越到西边越幽静，越是大户人家。小时候母亲带我到长乐路去看老同学，第一次发现这里的住房是有厨卫的。1980年代初研究板块学说，我去采访上海出生的一位地质学家、院士，家住长乐路与常熟路交界的新式里弄，看得出优雅的生活环境对他长大后的影响。

154）为什么淮海路所在的法租界与南京路所在的公共租界不一样？对此有三个方面不同角度的解释。第一是法租界西区的形成时间要晚许多，淮海路的空间位置属于远离黄浦江的离岸地区；第二是法租界与英美公共租界有不同的市政体制；第三是法租界对城市发展有自己的文化偏好。

155）美国学者墨菲在《上海——现代中国的钥匙》（1953）一书中说，法租界的西区主要发展是在1914年以后，因为远离黄浦江，因此一开始就定位于发展高级住宅区，并制定了相应的高标准。马路建设方面，法租界要求道路两边大量种植梧桐树。住宅建设方面，规定只可兴建里弄房子、联幢房子、单双宅私人住房等三种类型。

《上海——现代中国的钥匙》，R.墨菲（R. Murphey）著，哈佛大学出版社1953年版。作者是美国经济地理学家，从政治和人口、地理、交通运输、贸易、食品、工业制造等方面，解读了从 1843 年开埠到 1949 年解放这百余年间的上海城市发展，认为上海的发展对中国适应世界潮流和走向现代化起了关键性的作用。

156）租界使得上海城市发展分出了明显的上只角与下只角。一般地说，上只角是城市基础设施和公共服务相对先进的地区，下只角是城市基础设施和公共服务相对落后的地区。上只角与下只角的差异，很大程度是穷富差距的空间投影。相对于南市老城厢和闸北等地区，法租界和公共租界的西区代表了旧上海居住空间的上只角。

157）那么同样是上只角，财力和税收没有公共租界强的法租界，为什么会有南京路与淮海路的差异，为什么法租界的街道和住区发展得更为雅致更波西米亚？最可能的解释就是两者之间存在管理体制和价值观念的差异。上海海关 1912—1921 年的十年报告中说，法租界的西区是上海唯一经过精心设计的住宅区。

158）法租界与公共租界的管理概念和管理体制不同。以使用自来水为例，英国人强调公共使用"public utilities"，在公共租界是有消费能力的居民或顾客自己掏钱向自来水公司买水；而法国人强调公共服务，在法租界是公董局向自来水公司买水后，通过一些公共水龙头向全体居民免费供水。

159）法租界的公董局和公共租界的工部局是不同的管理体制。法国学者白吉尔在《上海史：走向现代之路》（2002）

一书中写道：不同于公共租界所实行的商人团体基本自治的城市体系，法租界的管理完全依赖领事一个人。如果公共租界的地位更加接近于自由港的地位，那么法租界则是一块受巴黎政府管辖的殖民飞地。

《上海史：走向现代之路》（2002），法国白吉尔（Marie-Claire Bergère）著，上海社会科学院出版社2014年中译本。作者强调现代化是变革的过程以及带来的物质化结果，现代性是由现代化及其成果唤起的精神状态和思想面貌。认为上海开埠以来一百多年的城市发展及其具有的优势，应该归功于她创造的中国式现代性。

160）总体来看，可以认为在旧上海发展中，如果公共租界比较强调商业繁荣，那么法租界比较讲究人文情调。论外滩形象，延安东路以南的法租界外滩不能与其北的公共租界外滩相提并论；但是论住区发展，西藏路以西的法租界却比以北的公共租界有更多的吸引力。直到现在，老外到上海转悠仍然最喜欢衡山路一带的欧陆风格。

161—170：八仙桥的华洋杂处

161）谈到旧上海租界的华洋杂处，最有代表性的城市空间可能是八仙桥。1843年租界开建的时候规定华洋分处，

1853 年小刀会起义后许多有钱的华人逃入租界，租界开始进入华洋杂处时代。八仙桥位于法租界、公共租界和华界的交界处，其城市发展和空间肌理充分反映了华洋杂处的特征。

162）八仙桥是旧时代流传下来的名称，现在早已经看不到桥。八仙桥位于旧上海十字轴即东西向延安路和南北向西藏路的交点上，通常指大世界周围的一片地区。大的四至范围，东到今云南南路，南到今淮海路及其周边，西到今嵩山路，北到今延安东路。老上海讲到八仙桥，马上会想起大世界娱乐场和八仙桥菜场。

163）旧上海的帮会大佬黄金荣喜欢这样的华洋杂处环境。当年他选择住在八仙桥的龙门路，据说有三方面考虑。一是他是法租界华人巡捕，这里地处法租界，碰到事情有照应；二是这里出走方便，出了事情近可以在法租界盘旋，远可以去英租界躲避；三是他在这里拥有大世界、黄金大戏院等产业，坐地生利，管理方便。

164）八仙桥的发生发展与三界互动有密切关系。商业繁荣是从八仙桥菜场开始的。位于法租界的八仙桥菜场和位于公共租界的三角地菜场是旧上海租界一南一北两个最大的室内菜场。小时候日常买菜，我们是在家附近的马路菜场解决问题；到了过年过节的时候，大人就会天蒙蒙亮跑到八仙桥这样的大菜场来买东西和采购年货。

165）八仙桥菜场位于金陵中路与龙门路交界处，拥有非常气派的三个楼层，供应中外蔬菜和食品，1871 年建成时初名就叫"华洋菜场",解放后(1958年)才改称"八仙桥菜场"。清晨时候各色人群熙熙攘攘,从法租界西区的保姆或娘姨,到公共租界和华界的家庭主妇,都会赶早市到这里来买菜。

166)八仙桥地区的娱乐业繁荣,与大世界的出现有关。大世界位于延安路与西藏路交会处的风水宝地,1917年建成,是当时远东最大的娱乐场。上海现在的地标是陆家嘴的东方明珠和三件套,我们小时候的地标式建筑,除了城隍庙、外滩的海关钟楼、国际饭店等,还有大世界的罗马式塔楼。小时候去大世界玩,最有乐趣的是进门照哈哈镜。

167)八仙桥成为旧上海的花花世界,有一段法租界与公共租界的争斗故事。之前,公共租界的福州路是黄、赌、毒泛滥的空间。法租界当局为了与公共租界争雄,在八仙桥地区对烟、赌、娼等活动实行弛禁政策,引来赌窟、妓院、燕子窝(鸦片烟馆)以及相应的钱庄、银行、典当向这里集聚,形成了八仙桥的畸形繁荣。

168)八仙桥的发生发展也有华界抗争的故事,其中最著名的是四明公所两次血案。八仙桥一带是法租界从无到有不断扩张的产物。四明公所位于八仙桥地区东南部靠近老城厢,俗称宁波会馆,由宁波旅沪同乡会于1797年在这里购地建立。1849年法租界在老城厢北边设立租界,四明公所被划入其内。

169)1874年法租界以辟路为由强迫公所迁让,群众反抗，法水兵打死市民 7 人，史称第一次四明公所血案。1898年法方又迫令公所迁让，激起上海人民罢市，法水兵又枪杀市民 17 人，史称四明公所第二血案。四明公所作为上海人民反帝场所，现在是上海市历史文物保护建筑。在上海的宁波人走过路过四明公所常常会有一种特殊感觉。

170）八仙桥位于法租界的东边，从东往西华洋杂处有明显的穷富差异和空间分异，例如菜场的规模和数目从东向西是逐渐递减的。在整个法租界，东段旧式里弄居住的是数目众多的普通民众，中段新式里弄居住的是大量中产阶级人士，西段高级公寓和花园别墅居住的是高等华人和达官贵人。

171—180：杨树浦的百年大工业

171）小时候住在南市老城厢，对大杨浦的印象是地方大、工厂多。后来跨过苏州河成了杨浦人，开始熟悉大杨浦、研究大杨浦。杨浦有自己与众不同的故事，形成了三个百年，即百年工业、百年市政、百年大学的历史底气。其中，百年工业是公共租界时候在黄浦江边搞起来，现在成为杨浦滨江世界瞩目的工业遗存。

172）大杨浦的滨江地区当年是公共租界的东区，重点是沿着杨树浦路两侧发展工业，由此形成了旧上海一南一北两个主要的工业空间，即杨树浦的沪东工业区和高昌庙的沪南工业区。两者都是中国近代工业革命的发源地，不同在于杨树浦工业区是在租界里由外商搞起来，而高昌庙工业区是中国人自己搞起来。

173）杨树浦路号称大杨浦的第一路，始建于1869年。原美租界从提篮桥由西向东筑路扩张，因为通向杨树浦而称之为杨树浦路，上海东北角因此有了第一条近代意义的城市道路。1889年租界当局又将杨树浦路向东延伸到贴近复兴岛的今黎平路。杨树浦路的辟筑为沿黄浦江下游岸线发展工业创造了条件。

174）杨浦滨江建成后，我多次到这里走完全程，从中回味杨浦百年市政和百年工业走过的道路。其中最有代表性的项目是英商建的杨树浦自来水厂和杨树浦发电厂，以及日本人建的裕丰纱厂等。有一次休息日，我曾经作为志愿者带着一批社会粉丝参观杨树浦自来水厂，大家兴致勃勃听我解读它对上海甚至中国发展的意义。

175）1880年上海英商在英国伦敦成立上海自来水股份有限公司，决定在黄浦江边建造自来水厂。1881年开工，1883年竣工，时任北洋通商大臣的李鸿章拧开阀门开闸放水，宣布中国第一座现代化水厂正式建成。20世纪30年代水厂不断扩建，占地面积增加了三倍，成为远东第一大水厂。

176）看杨树浦水厂注意两个东西。一是这个具有140年历史的中国最早自来水厂宝刀不老，现在仍然在为上海将近200万人口供水。二是水厂由英国设计师哈特设计，建筑像一座中古时代的英国城堡，典雅的装饰让人根本想不到这是工业厂房。杨树浦水厂 2013 年被列入全国重点文物保护单位，2018 年被列入中国工业遗产保护名录。

177）杨树浦发电厂 1913 年由英国商人投资建成。初时装机容量为 1.04 万千瓦，到 1924 年装机容量已经达到 12.1 万千瓦，成为当时远东第一大电厂。1949 年总装机容量增至 19.85 万千瓦，占当时全国总装机容量 10.5%，发电量约为上海地区总发电量 70%。2010 年杨树浦发电厂适应节能减排要求而停产，百年厂房保留成为工业遗产。

178）我们小时候对杨树浦发电厂的印象，一是杨树浦发电厂的烟囱高达 105 米，从吴淞口进入黄浦江，只要看到杨树浦发电厂的大烟囱，就知道上海到了。二是杨树浦发电厂有上海工人的红色文化故事，解放前电厂工人与国民党统治者英勇斗争，王孝和的名字在我们这些随新中国长大的人中是如雷贯耳的。

179）在杨树浦路与定海路交界处，现在的上海国际时尚中心，原来是上海纺织工业的龙头企业国棉十七厂。其前身是日本人于 1921 年建造的裕丰纺织株式会社，解放后改为国棉十七厂。改革开放后上海纺织业率先开始转型，2008 年这里的老厂房通过城市更新，改造成为现在的上海国际时尚中心。

180）围绕老裕丰纺织厂和国棉十七厂社会上有许多传说。解放前夏衍到这里考察写了报告文学《包身工》。解放后这里出了全国劳动模范黄宝妹，谢晋拍电影，黄宝妹演主角。

"文革"中从这里开始发生的故事是，这里的一个普通机修工王洪文当了造反派头头，七弄八弄竟然进入中南海当了正国级领导人。当然，这是昙花一现。

181—190：越界筑路的半租界

181）与同时代的奥斯曼重建巴黎对照，租界时代的上海城市发展，形成了东西向延安路和南北向西藏路相交组成的城市十字轴，却没有像巴黎那样用环路框住城市的边界。这正好证明了旧上海租界殖民者城市的扩张性。旧上海租界有法律依据的面积加起来是 32 平方公里，但是越界筑路占有的没有法律依据的空间比这个面积还要多。

182）2002 年上海中心城区圈定 12 个历史风貌保护区，除了老城厢、江湾五角场、龙华等 3 个与旧时代的华界有关，其他的 9 个都与租界有关，特别是有 4 个是公共租界和法租界当年向西向北越界筑路的产物，包括沪西的愚园路、新华路、虹桥路一带以及沪北的山阴路一带。这些越界筑路地区，有人称之为半租界，鲁迅的"且介亭"就是指的这个意思。

183）半租界的形成完全是美英法列强单方面行为的结果，华界政府曾经想干预，但是因为无势无钱无能力，最后只能眼开眼闭。1899 年是公共租界有条约签订的法定范围，但是 1900 年以后他们继续沿南京路向西、沿四川路向北进行扩展。1914 年是法租界有条约签订的法定范围，但是 1914 年以后他们继续沿淮海路向西扩张。

184）租界无休止地越界筑路，实质性的好处是什么？研究相关资料，可以发现越界筑路最初的起因是英法列强修建军路，与清政府协同对付太平天国起义军，但是到了太平天国之后，直截了当就是为了经济上的获利。与从华洋分处到华洋杂处的情况有类似，租界越界筑路扩大面积，可以轻而易举增加税收和各种管理收费。

185）1916年公共租界最后一次扩张要求被拒绝，但是工部局却继续在越界筑路上进行投入。研究发现1916—1925年的9年间工部局在越界筑路上一共投资156.9万两白银，相当于当时的114.5万美元，平均每年越界筑路支出费用12.7万美元。正是因为越界筑路有利可图，才有这样主动持续的支出和花费。

186）每当有机会到这些当年的灰色地带开会或有什么事情，我都会在弄堂里钻进钻出转悠一番。有一次开会经过新华路，我在这里的外国弄堂来来回回看了很长时间。看到这些地方多为由花园别墅、高级公寓、新式里弄组成的高级住宅区，我好奇为什么越界筑路的灰色空间会有那么多好房子？

187）阅读历史文献得到的解释是，公共租界越界筑路后就开始派出巡捕，把这里纳入管辖范围，然后鼓励人在马路两侧购买土地造房子。这些地方原来是农村荒野，地价比较低，工部局对建筑和环境等提出高要求。这样房地产商和有钱人就在这里搞出了各种高档建筑，使得这些地区发展成为租界外的豪华住宅集聚区。

188）愚园路是1911年工部局越界填浜筑路形成的马路，从最东端的静安寺延伸到最西端的中山公园，沿路多高级公寓和新式里弄。查阅当年工部局的规划图纸，看到当时划定了地皮后就让各家各户自行设计自行建造，除了对高度和公共设施作了一些规定，其他不加干涉，由此造就了私宅建筑在上海租界空间发展上的辉煌。

189）半租界的存在，也创造了一些非预料的历史结果。一个有关红色文化的故事是，解放前中共上海地下组织领导人刘长胜就居住在愚园路上的一个小楼，每次地下党在刘长胜家中碰头见面，刘长胜的妻子带着孩子在屋外放哨，一有动静便将麻将搓得哗哗响。旁人以为这里的老板爱搓麻将，虽然人来客往却从未引起怀疑。

190）租界的越界筑路，从1866年左右开始，到1925年基本终止，前后历时大约60年。终止的两个主要原因，一个是1925年爆发了五卅运动，爱国反帝浪潮使得列强的胡作非为得到收敛；另一个是上海酝酿设立淞沪特别市，开始以路制路抑制租界空间扩张，要有竞争力地建设上海自己的新城市。

191—200：租界边的上海北火车站

191）现在坐高铁进出上海，主要通过恢宏的虹桥枢纽，但是我头脑中抹不去的印象却是三十多年不用了的老北站即上海北火车站。小时候跟着老外婆到宁波乡下去，"文革"时期混上火车到外地串联，以及从1970年上山下乡离开上海到1986年回到上海的16年间，放假探亲都是在老北站坐绿皮车，加起来的次数比现在去虹桥火车站要多得多。

192）老北站所在的天目东路是以前公共租界与华界闸北的界路。以前从大南门到老北站坐火车，坐66路公共汽车沿着河南路从南往北开，就是一次穿越旧上海三界四方的经历，即从华界的南市，穿过中间的法租界和公共租界，再到华界的闸北。研究上海城市空间变迁，我搞清楚了为什么老北站当年会建在公共租界的边上。

193）老北站的发生发展有三段故事。第一次是1876年英国人建吴淞铁路，这是中国土地上最早的一条营业铁路。英国人建铁路主要考虑租界需要，把上海火车站址设在今河南北路七浦路口。因为英国人造路是违规，1878年被清政府赎回。本来准备自营，后来拆除铁路把设备运到了台湾，结果全部烂掉。

194）第二次是20多年后的1898年，清政府在吴淞开埠建设淞沪铁路，上海站站址选在公共租界与宝山县的界浜今天目东路北侧。中国人主导建造，就将原来英国人的站址朝北移动了大约数百米。当年这里是郊野，四周多荒地，少百姓居住，当时的上海站站屋是一栋小而别致的砖木结构建筑。

195）第三次是1909年。当时新建好的沪宁铁路要与淞沪铁路接轨，于是将新的上海站在原来淞沪铁路站点基础上往西移动数百米，完成了最终的定位。沪宁铁路上海站1908年开建，1909年竣工，是一幢英国人设计的洋房，站前有开阔的广场。1912年1月1日，人们就是在这里夹道欢送孙中山坐火车到南京就任中华民国临时大总统。

196）1909年南市同时建了上海南火车站，由此将北边的铁路站称为上海北火车站。北站主要连接沪宁线，南站主要连接沪杭线。1937年日本人轰炸上海华界后，上海南站被彻底炸毁，上海北站损伤后修复。此后老北站担负起上海铁路总站的任务，一直到1987年现在的新客站建成。

197）当年闸北华界的发展，是一个城市交通门户带动区域发展的故事。1898年和1909年的老北站建成，使得原来是农村地区的闸北进入了一个高速发展的城市化时期。围绕老北站发展起了密集的交通网络，工商企业开始在闸北投资。重要的文化教育事业也在这里集聚起来，后者中最有影响的是商务印书馆和上海大学。

198）其实从空间位置看，老北站与老闸北的发展存在先天不足。一方面，火车北站作为交通门户，离租界太近，对华界发展没有太多好处；另一方面，闸北的东南西三个方向已经被租界裹挟。因此到了1920年代成立上海特别市的时候，人们开始认识到，把铁路总站放在更北的地方如江湾一带去，上海的华界发展才会处于比较有利的地位。

199）老北站引导了闸北城市发展的最初繁荣，不幸的是1930年代日本人侵入上海，闸北首当其冲。狂轰滥炸使得闸北地区将近30年的发展成果，几乎毁坏殆尽。老北站严重损坏，商务印书馆完全烧毁，整个地区一片废墟。战争造成的大规模破坏，使得闸北后来长时期处于衰败的境地，解放后才逐渐恢复。

200）我1986年回到上海工作，1987年现在的上海火车新客站建成，老北站退出服役后就再也没有去过。有幸的是，老北站原址现在按原比例80％修建了上海铁路博物馆，再现了有近80年发展历史的上海老北站原貌。我想着日后到老北站附近办事，一定要好好看看上海铁路博物馆，重温那些逝去的记忆。

3

大上海计划（1912—1949）

民国后上海成为独立市，城市发展出现了两个大动作。一个是环绕租界修筑中山路，要阻止租界无止境地对外扩张；另一个是在吴淞发展新商港，在江湾五角场建设新市区，要用中国城市发展削弱租界的重要性。

201—210：上海成为特别市

201）谈到解放前的旧上海，市面上大家讲得多的故事是租界。其实，我觉得需要好好讲讲的事情是杨浦的江湾五角场和当时的大上海计划。民国时期搞大上海计划，这里是华界新建的上海新市区和曾经的市政府驻地。阅读江湾五角场一带的建筑和道路，就是欣赏海派文化一次世界级的空间表现。

202）上海特别市成立于1927年，它的发生发展要回溯到1924年，有三段故事。第一段故事是1924—1925年的筹划淞沪特别市。1924年江浙之间军阀发生战争，上海士绅深感远离战争的重要性。1925年由李平书牵头，筹划把上海县和宝山县组合起来设立淞沪特别市，设想市政体制建设要引入西方国家和上海租界的地方自治原则。

203）第二段故事是1925—1926年的淞沪商埠督办公署。1925年孙传芳在军阀混战中取胜，成为江苏、浙江、安徽、江西、福建东南五省的最高统治者。1926年孙传芳把上海划为特别区，成立了淞沪商埠督办公署。孙本人兼督办，邀请地质学家丁文江任总办。我大学的专业是地质，看到中国地质学的创始人之一丁文江当过旧上海市长很有新奇感。

丁文江（1887—1936），字在君，江苏泰兴人。地质学家和社会活动家。1911年英国格拉斯哥大学双学士毕业后回国。1912年在上海南洋公学任教。1913年创办农商部地质研究所并任所长。1921年任北票煤矿总经理。1926年任淞沪商埠督办公署总办。1931年任北京大学地质学教授。1936年在湖南谭家山煤矿考察时因煤气中毒逝世。

204）第三段故事是1927年的上海特别市。北伐战争胜利后，1927年蒋介石在南京成立新的国民政府。当时作出的一个重要决定是，撤销淞沪商埠督办成立上海特别市，确定上海是中华民国特别行政区域，不入省县行政范围，直属中央政府。上海特别市政府设立在枫林路，蒋介石出席成立大会做了讲话。

205）因此，可以认为旧上海城市空间的发生发展有三个重要的关节点。1291年的设县以及后来的建城墙拆城墙是第一个关节点，1843年以后的开埠形成租界城市是第二个关节点。1927年上海成为特别市是第三个重要的关节点，它对于上海后来的城市发展和空间形态具有多方面的意义。

206）意义之一，上海开始脱离江苏成为与省平级的行政单位。这是中国区域管理体制的一次创新，从此上海在城市发展上拥有了更大的权力和自由。以前在上海中学读书，看到历史上曾经叫江苏省立上海中学不知道缘由，后来知道这是1927年以前的事情，这以后就没有隶属江苏的帽子了。

207）意义之二，第一次将租界外的中国地区包括南市、闸北、吴淞、浦东等，归并在统一的行政机构之下。以前这些地方的发展是各自为政的，例如南市有南市的马路工程局，闸北有闸北的工程总局。现在开始从分散到集中，在一体化的城市管理体制下进行统一的规划、建设与管理。

208）胡适认为是丁文江担任淞沪商埠督办总办为上海城市的现代化开了好头。胡适在《丁文江传》中写道：丁文江相当于上海最早的市长，是他建立了大上海的规模，那个大上海，从吴淞到龙华，从浦东到浦西，在他任总办内才第一次有统一的市行政，统一的财政，现代化的公共卫生。

209）意义之三，上海特别市开始在城市发展上与租界展开竞争。当年丁文江对租界与华界之间的城市建设巨大反差曾经痛心疾首。他说，从租界走到华界，就好像是过了一条阴阳河；租界是阳界，华界是阴界；华界的马路、建筑、卫生，没有哪一件能与租界相比；这是我们国民最大的耻辱，比丧失国权，还要可耻得多。

210）上海设立特别市之前，南市老城厢城墙内外的建成面积加起来只有 4 平方公里左右。而公共租界和法租界，不算越界筑路，范围就有 32 平方公里，是上海老城厢的好几倍。上海设立特别市之后，不包括租界，可以管辖的市域面积扩大到 495 平方公里。有了这个可以有所作为的空间范围，精英们开始构想雄心勃勃的大上海发展计划。

211—220：要把华界城市搞上去

211）1927 年黄郛就任上海特别市首任市长，一上任就提出了两个大动作。一个是要环绕租界修筑环形道路，阻止租界无止境地对外扩张；另一个是要在吴淞发展港口，并在吴淞与租界之间开辟新区，用华界城市发展削弱租界的重要性。现在回过头去看，这两大行动确是抓住了当时把中国人的上海搞上去的要害。

黄郛（1880—1936），字膺白，浙江上虞人。早年入浙江武备学堂。1905年留学日本，加入同盟会。1911年上海光复后，陈其美任沪军都督府都督，黄郛任沪军第二师师长，蒋介石任光复军团长，与陈其美、蒋介石是结拜兄弟。南京国民政府建立后，1927年担任上海特别市市长，提出大上海发展构想，着手上海新市区建设。

212）1872年太平天国覆灭以后，上海租界一直在以越界筑路的方式向外扩张。上海光复后，李平书作为民政总长领导地方自治，开始用制度方式阻止租界扩张。1912年公共租界工部局在东华德路今长阳路至引翔港筑路，李平书就此照会工部局，说工部局如需租地筑路，需要经过民政长承认方可办理。

213）华界的南市与闸北，分别与法租界和公共租界交界，扩张与反扩张的许多事件曾经在这里发生。例如，南市有四明公所两次行动抵抗法租界的侵入，闸北有绅商搞地方自治运动以防被公共租界侵吞。然而，抵制租界向外扩张是被动的，精英们想到更有进取性的行动，应该是自主发展对租界有竞争力的现代化城市。

214）历史上，上海曾经两次跳开租界，在黄浦江下游的入海口吴淞搞商埠，但是都没有成功。第一次开埠是1898

年，当时在吴淞与上海之间建设淞沪铁路，两江总督刘坤一上奏清廷请求吴淞自开商埠，准许中外商民共同居住，得到清廷批准。但是黄浦江疏浚降低了吴淞开埠的意义，吴淞第一次开埠很快以失败告终。

215）民国之父孙中山，辛亥革命之后在上海写出了中国现代化构想的大作《建国方略》。孙中山设想在上海建设东方大港，可以使中国人的上海城市发展一举超越租界城市。孙中山的东方大港，首选方案是在上海西南的嘉兴乍浦建设全新的深水港。民国成立后，后人觉得吴淞是当下易于进行的上海港新建位置。

《建国方略》是孙中山 1917 年至 1920 年间所著的三本书——《孙文学说》《实业计划》《民权初步》的合称。《孙文学说》又名《知难行易的学说》，后编为《建国方略之一：心理建设》。《实业计划》，后编为《建国方略之二：物质建设》。《民权初步》又名《会议通则》，后编为《建国方略之三：社会建设》。《建国方略》被民国政府认为是立国的第一指导纲领。

216）1920 年北洋政府决定在吴淞第二次开埠，由张謇担任商埠督办。1923 年张謇提出了宏伟的开埠计划，强调吴淞开埠要从平地开始建设独立的新城市，规划建设面积达 430 余平方公里，包括工业、住宅、教育、劳工等分区。张謇的吴淞开埠计划，借鉴了欧美新城建设的经验和理论，可以认为是后来的大上海计划的先行者。

张謇（1853—1926），字季直。江苏通州（今南通）人。中国近代实业家、教育家和政治家。1896年创办通州大生纱厂。1898年任上海商务总局总办。1902年后开办通州师范等。1912年任南京临时政府实业总长，后改任北洋政府农商总长兼全国水利总长。1920—1925年任吴淞商埠督办。1922年棉纺织业危机，张謇的大生纱厂走向衰落。

217）由张謇出马搞吴淞是因为1899年至1911年间，张謇在南通实业兴国取得了相当的成功。张謇以通州为基地，以棉纺业为中心兴办企业，形成了一个相当完整的经济体系，中国的面粉、玻璃等产业由此开始起步。在实业兴国的同时，张謇也大办教育。城市规划教授吴良镛院士，说张謇打造的南通是中国第一个近代化的城市。

218）吴淞第二次开埠一开始是有吸引力的。随着公路和街道的辟筑，贸易开始兴旺，大学在这里集聚，以吴淞镇为中心的地区出现了一定程度的繁荣。但是计划实施最终还是遭到了挫折，1925年在吴淞宣布重新开埠不到5年，张謇向北洋政府提出辞职报告，宣告了吴淞第二次开埠的失败。

219）吴淞第二次开埠失败有内外两方面的原因。第一，当时军阀割据和混战，在乱世中搞大规模的城市建设极其艰难。第二，政府没有能够掌控上海发展的命脉即水运能力，在租界建立疏浚局用挖泥船使黄浦江得到疏浚之后，吴淞就失去了发展的动力。第三，吴淞属于宝山县，南市和闸北属于上海县，行政管辖的分割严重影响了新城市计划的实施。

220）从上述背景可以看到，黄郛的两大行动对秉承孙中山的遗愿发展上海华界城市，具有相当的系统性和进击性。在上海已有城区外围建设中山路，可以用以路制路的方式阻断租界扩张；在江湾建设上海新市区，以及在吴淞建设上海新商港，可以提升华界上海的竞争力。黄郛在任只有一个多月，两大行动的落地是由担任工务局局长十年的沈怡执行的。

221—230：中山路把租界围起来

221）现在对上海大大小小马路进行考古的人很多，谈中山环路的却不多。许多上海人知道中山路曾经是上海城市的重要边界，但是不知道当年搞中山路的初衷是要把贪得无厌的租界围起来。许多新上海人知道内环线，知道内环线内的房价要比外围房价高许多，但是不知道内环线是在解放前中山环路的基础上发展而来。

222）小时候开始逛马路，就知道中山路是上海市区与郊区的分界线。那时候出去玩，跑得远一点就会走出中山路。到龙华烈士陵园去扫墓，要走出中山南路；到西郊公园看动物，要走出中山西路；到江湾体育场看比赛，要走出中山北路。读中学在上海中学住宿，完全是中山路之外的郊区生活。

223）我研究生毕业后到同济工作，先是住在中山北二路旁边的同济新村，后来买房买在中山北二路与黄兴路的交界处，自然对中山路的发生发展多了一分了解。看着内环线高架在中山北二路之上建起来，通过杨浦大桥一直到浦东。现在每天不管走路还是开车，出了小区的门就是中山路或者内环线。

224）上海的中山路是分段形成的，最早建成的是黄浦江边的中山南路。1897年南市马路工程局在黄浦滩开筑国人自建的第一条现代马路，北起十六铺，南至南码头，定名为外马路，俗称南市大马路。1906年又在外面新涨出的黄浦滩修筑马路，于是新筑的马路成为外马路，原来的外马路变成里马路。1925年孙中山逝世，上海华界将里马路改名为中山南路。

225）开埠后的上海，公共租界与法租界横在中间，把华界的南市与闸北分割开来。1928年，上海特别市决定围绕租界修筑中山路打破这样的格局。先修北边的中山北路，后修西边的中山西路，南边通过康衢路和龙山路连接中山南路。这样一来，打通了闸北与南市之间的交通联系，也构成了对租界的空间包围之势。

226）1945年抗战胜利后，中国政府收回了租界，对中山路进行系统命名和整理。将东边原属于公共租界的黄浦滩路和法租界的南黄浦滩路分别改名为中山东一路和中山东二路，将南边的康衢路和龙山路分别改名为中山南一路和中山南二路，这样就形成了长达 20 多公里、包围浦西上海老城区的中山环路，但是在东北方向面向吴淞和杨浦有开口。

227）建设中山环路是上海特别市成立后的重大行动，它对上海城市空间发展起到了一箭三雕的作用：一是阻断了租界的越界筑路和对外扩张；二是打破了租界将华界拦腰截断的状态，沟通了南市与闸北之间的交通联系；三是拉开了民国以来上海城市现代化建设的序幕，为后来形成城市核心区打下了轮廓。

228）因为上海的别称是"申"，我说观察上海城市空间及其变化可以抓住"永远的申"。前面说过，从地图上看现在的南市老城厢是一个占地 2 平方公里的微型申字形。中山环路形成后，与租界里的南北向西藏路和东西向延安路合在一起，构成了占地大约几十平方公里的旧上海中心城的更大的申字形。

229）现在从大柏树通向吴淞的逸仙路，1945 年前也叫中山北路，因为 1929 年的大上海计划拟在江湾建设新市区和吴淞建设新商港。逸仙路以东到黄浦江边的空间是一个圆，中山环路围起来的空间是一个圆，两者组合起来就像一个不规则的宝葫芦，吴淞路一带是腰身，这个形态对改革开放前的上海城市空间发展有重要影响。

230）中山环路后来的重大变化，就是 1990 年代浦东开发在其之上建设内环高架路，从浦西延伸到了浦东。在北边，从大柏树沿着中山北二路连接到黄兴路，通过杨浦大桥到浦东。在南边，从南码头建设南浦大桥到浦东。两者汇合形成跨越黄浦江的内环线，而内环线高架以内的空间从此成为上海中心城市的核心区。

231—240：新市区选址江湾东

231）当年跳出租界在江湾镇以东的现五角场地区搞新市区，是上海在租界之后又一次重要的飞地式发展。从南市住到杨浦后，得知江湾五角场一带曾经是民国上海的城市新中心，我就像发现了新大陆。从那时以来就对这片土地的发生发展充满兴趣，有空就到江湾五角场一带转悠，琢磨1930年代那个中外关注的大上海计划。

《"大上海计划"启示录》，魏枢著，东南大学出版社2011年版。1927年上海成为特别市之后对城市发展和空间布局有重要影响的是1931年产生的大上海计划以及1946年研制的大上海都市计划。该书从城市规划角度研究了两个大上海计划的发生发展及其对上海城市空间变迁的影响，讨论了它们的时代背景和成败得失。

232）大上海计划是上海有史以来第一个城市总体规划，是城市空间发展海派思维的精彩篇章。开埠时候英国人搞租界，清政府不让他们进入上海老城厢。后来看到英国人把原来荒芜的外滩发展成了风水宝地，中国人心里很憋屈。上海特别市成立，想到另起炉灶建设上海新市区和市政府大楼，可以改变上海华界城市发展的落后状态。

233）雄心勃勃要搞一个超越租界的上海新市区，关键是空间位置选择要有优势。现在大家说浦东开发的时候有过东南西北等多方案的选择，其实这样的空间权衡和抉择从民国时期在江湾五角场建设上海新市区就开始了，当时考虑过东进和北上等多种方案，是在左右权衡之后才选择了江湾东的位置。

234）1928年，担任上海工务局局长的留德回国博士沈怡，组织人马对空间情况进行排摸后，提出了上海城市市中心应该北移的结论。"欲保持或增进上海港口之地位，则吴淞开港势在必行。淞沪相隔仅十余公里，将来内部合而为一，可无疑义。准之本市发展之趋势，将来全市中心必由租界向北迁移；而江湾一带，将为最适宜之地点。"

沈怡（1901—1980），字君怡，浙江嘉兴人。1914年入同济大学学习土木工程。1921年赴德国德累斯顿工业大学学习水利工程，获博士学位后1926年回国。1927年至1937年任上海市工务局局长，主持修建中山路和大上海计划。1945年起历任交通部政务次长、南京特别市市长等。1960年先后任台湾"交通部"部长，台湾驻巴西"大使"等。

235）上海城市发展是靠港口贸易起家的，选择江湾以东发展新市区，不是单一考虑建设市中心，而是要与建设港口码头结合起来。从这个角度，在租界北边的黄浦江下游发展新市区看起来是有利上海华界发展的战略抉择。当初的一个比喻说，马路上扬招出租车，在前面叫到车的人的成功机会要比后面的人大得多。

236）新市区的选址首先排除了华界的南市与闸北。排除南市，除了空间形态不容易扩展之外，重要的理由是在黄浦江上游，与下游的外滩和租界开展竞争，不具有空间位置上的优势。排除闸北，除了贴近租界无法逃脱其支配作用以及空间形态不容易扩展之外，重要的理由是远离黄浦江的岸线，无法发展自己的新商港。

237）当时已经考虑到，最有可能的替代方式是跨越黄浦江在浦东建设新上海。世界上的大城市常常沿着一条大河两岸发展，浦东应该是最有潜力的发展空间。但是当时的最大障碍是交通，要跨越黄浦江从一无所有开始建设新城市代价太大。因此在当时的交通条件和政治形势下，发展浦东缺乏可行性。

238）当时对租界发展的前景也有思量，认为租界早晚要收回，收回后能否成为将来上海大都市的中心是有疑问的。一方面，按照孙中山建设东方大港国际都市的构想，上海要大发展还是另外选址为好。另一方面，租界是旧中国被迫情况下的"国中之国"，租界城市空间发展是英美文化的产物，不能代表中国人的造城智慧。

239）于是选择江湾镇以东地区建设上海新市区成为决策的唯一选择，当时总结了四方面的优点。一是地势适中，有控制全市之势；二是介于淞沪之间，将来南北方向拓展可以成为枢纽；三是江湾一带村落稀少，可收平地建设之功，而无改造旧市区之烦；四是水陆交通便利，在新商港和铁路新总站建设以前就可发展起来。

240）看过大上海计划建成的市政府大楼，就会觉得比租界的工部局大楼有气派。沈怡后来在《沈怡自述》中怀念当时主持大上海计划的日子时说："我初出茅庐，在上海市工务局的岗位上，一下子就待了十年有余。我的这点小小成绩，皆因上有贤明长官，下有齐心协力的同僚，际遇之好，在我三十年做公务人员的历史纪录上是绝无仅有的。"

241—250：打造上海新中心

241）大上海计划的核心任务是在江湾东边建设上海都市新中心，规划面积 7000 亩约 4.7 平方公里，相当于 2 个多的南市老城厢。从 1930 年开始建设，到 1937 年日军侵入后终止，经历三个阶段。1930—1932 年做规划设计；1932—1934年完成市政府大楼一号工程；1934—1936 年完成主要建筑以及周边配套设施。其后，上海都市新中心的城市框架基本形成。

242）作为大上海计划操盘手的沈怡对上海新中心的建设成果是满意的，他第一个买房从法租界搬到这里居住。他说："自从市政府由枫林桥迁入市中心大厦后，上海尽管有的是极考究的房屋，但如此宏伟庄严的中国建筑物，还找不出第二个。我们若从大厦正面石阶拾级而上，走进那个大礼堂，真可说是美轮美奂，气象万千。"

243）我有空就去江湾体育场和杨浦图书馆等旧上海新中心的建筑周围转悠，每次都会感叹这些建筑的外中内西风格。多少年过去了，现在仍然觉得它们鹤立鸡群、与众不同。现在讨论上海大都市的三种文化即江南文化、海派文化、红色文化，就城市建筑和空间形态而言，我常常说江湾旧上海都市中心及其建筑是海派文化独特的空间呈现。

244）建设江湾新中心，初心就是要打造与租界完全不同、超越租界的上海城市新形象。在建筑风格方面，特别强调要有现代建筑与中国建筑之混合式样。市政府大楼是最早完成的大楼，也是最有代表性的建筑，设计任务书明确规定，其外观须保存中国固有建筑之形式，参与现代需要，使不失为新中国建筑物之代表。

245）留美归国建筑师董大西是江湾新中心的建筑顾问，主要的公共建筑包括市政府大楼、市体育场、市图书馆、市博物馆、市立医院等，由他主持设计。他也与沈怡一样，新中心完成后就在这里买房居住。董大西在美国留学时曾经在建筑师 Murphey 的事务所里做过事，后者对他将中国宫殿式样用到现代建筑上有很大影响。

董大酉（1899—1973），浙江杭州人，1922年毕业于清华大学。1924—1925年在明尼苏达大学读建筑学，1924—1927年哥伦比亚大学美术考古研究院研究生毕业。分别获学士和硕士学位。1928年回国，1929—1938年任中国建筑师学会会长。1930—1937年任上海市市中心区域建设委员会顾问兼建筑师办事处主任，同时开办董大酉建筑事务所。

246）江湾新中心的区域计划草图由工务局局长沈怡亲自绘制，空间形态强调中西合璧的构思。行政中心采用中轴对称的布局，位于两条垂直正交的主要道路的中心。两条道路形成十字形，南北向是世界路与大同路，东西向是三民路与五权路，表示孙中山倡导的"世界大同、三民主义和五权宪法"。

247）江湾新中心的道路网络没有搬用租界的棋盘格式形态。事实上，沈怡一开始就反对采用棋盘式的道路格局，认为对斜向交通不利，在城市景观上也过于单调。他在设计江湾新中心空间草图的时候，对道路系统采用了因地制宜的做法，对外的主干道路采取放射状，次一级的道路是蛛网式。

248）五角场是江湾新中心的交通枢纽，五条主要道路呈放射状对外联系，其中其美路即现四平路是新中心通向上海租界的主通道。与空间形态上的海派格调相一致，这里的次要道路分别按照"中、华、民、国、上、海、市、政、府"

九个字进行命名。我现在居住的小区附近就有国字头的国定路、政字头的政本路等道路。

249）江湾新中心的外围，规划设计了由一个个公园绿地组成的环中心区绿带，看起来是受到当时西方城市美化运动的影响。公园绿地的面积和空间占比要比租界里的公园绿地大很多，现在的共青森林公园，以及小区附近我经常去那里走路的黄兴公园，当年应该是这个环中心绿带的组成部分。

250）大上海计划因1937年日本人入侵而戛然中止。抗战胜利后，国民党政府收回租界把市政府办公点放在了原来公共租界的工部局，放弃了在江湾建设上海新中心的想法。沈怡说，在日本投降以后，上海市政府及各局就在以前租界工部局的房子里办公，把过去"经之营之"的市中心区完全弃之不顾。对此他有一种悲喜交集的心情。

251—260：吴淞要建新商港

251）历史上上海发展得益于港与城的联动，大上海计划的雄心是要建设新的港城联动。在江湾建设上海新中心，目的是配合吴淞建设新商港。沈怡说，如果计划得不到两大因素的配合，第一是吴淞开港，第二是把火车上海总站北移，并将铁路和商港连接起来，则江湾市中心发展的结果，充其量只不过做到一个政治区和住宅区而已。

252）董修甲是中国市政管理的早期研究者。1927年董修甲发表《收回上海租界唯一之途径》一文，提出要分四步走收回租界。首先是收回疏浚局，控制黄浦江水上交通；第二步是吴淞建设深水码头；第三步是迁移铁路总站于吴淞，实现水陆联运；第四步是开浚蕰藻浜，联系苏州河。有研究说，董修甲的构想对大上海计划的思路形成是有影响的。

董修甲（1891—？），字鼎三，江苏六合人。1911年考入清华学校中等科，1918年毕业后赴美留学。1920年获密歇根大学市政经济学士学位，1921年获加州大学市政管理硕士学位。1921年回国，在京沪多所大学任教。1921—1926年参与吴淞特别市建设计划。1927年创办中华市政学会，担任总干事。著有《市政研究论文集》（1928）等。

253）吴淞建设新商港，与孙中山在《建国方略》中提出的东方大港设想有关。孙中山当时有两种构想方案。一种是在上海南面的乍浦建设全新的深水港。另一种是将上海现有港口改良成为深水港。后者包括黄浦江改道在浦东开挖长达45公里的运河，在黄浦江下游的杨树浦建设一个巨大的船坞。

254）沈怡当年到南京向民国政府汇报吴淞建港的设想，有人质疑说这不是孙中山的原初设想，沈怡的回答说服了决策者：我们看准了租界先天上的许多弱点，知道一旦吴淞实行开港，租界地位势必一落千丈；建设上海市中心乃是大上海计划的一部分，而大上海计划必须包括商港与铁路建设。

255）吴淞发展以前两次失败，是因为黄浦江疏浚影响了吴淞开埠的必要性。这一次大上海计划提出吴淞建设新商港，重点是要解决吃水深度和岸线长度等方面的卡脖子问题。这样做才能发挥吴淞位于黄浦江下游的优势，超越上游的外国人租界，把华界的新上海建设成为国际级的航运贸易中心。

256）吴淞新商港的规划设计是宏伟的。1929年由沈怡等主持提出的《新商港计划》，设想在吴淞口蕰藻浜入浦一带建设新的挖入式深水港，规划设置七个大船坞，各宽230米，长约1100米，最低水位为10米，可以同时停泊40条世界级的大轮船。这样的建设蓝图当时在世界上绝对是有领先意义的。

257）多年来上海城市一直存在着水陆联运不畅的问题，以前公共租界和清政府先后建设吴淞铁路和淞沪铁路，就是想解决这个问题。吴淞新商港规划提出了从根本上解决水陆联运问题的铁路方案。拟将货运总站设在真如，客运总站设在江湾新中心，从真如有铁路分别通向江湾新中心和吴淞新商港。

258）由于建设宏大的吴淞新商港需要南京政府批准，要经过许多环节，短时期不能实施。当时在孙中山杨浦备选设想的基础上提出了一个过渡性方案，即先在复兴岛的虬江一带建设虬江码头。岸线规划长度约1400米，水深平均为8.5米，距离吴淞口大约13公里，向西直接通向江湾新的市中心。

259）相对于江湾新中心有实质性的行动和结果，吴淞新商港的建设计划最终还是没有进入实施阶段。一方面，吴淞新商港计划规模和耗资巨大，需要倾国之力推进，难以马上实施；另一方面，过渡性的虬江码头计划，码头规模、长度、吃水深度和吞吐量，距离世界级水平有很大距离，对改变上海港的格局显得无足轻重。

260）这样过去几十年，到了新中国和改革开放后，上海发展世界级深水港的宏伟设想才有了更好的解决方案，并且真正得到实现。1990 年代浦东开发开放，上海的重大行动是跳出黄浦江和吴淞口，另辟蹊径在杭州湾口的洋山岛规划建设深水港，超水平地圆了孙中山的东方大港之梦。

261—270：上海最早的大学城

261）吴淞有一条同济路，这是民国时期同济大学在这里办学 20 年留下的印记，也是吴淞曾经是上海最早大学城的历史标记。当时在吴淞炮台湾一带，先后集中了中国公学、复旦公学、同济大学、国立上海医学院等 8 所新式大学，其中有 5 所是在这里创办，其他 3 所由市中心迁移而来，吴淞由此成为上海近代高等教育的摇篮。

262）吴淞成为上海最早大学城与历史上的三次开放运动有关。第一次是上海开埠后在吴淞与上海之间建铁路；第二次是清末民初政府两次在吴淞自主开埠；第三次是上海成立特别市要把吴淞建设成为世界级新商港。吴淞具有独特的地理和区位优势，先行者开始在这里创办近代高等教育。

263）首开先河者是中国公学。中国公学创办于1906年，1906年在吴淞炮台湾兴建校舍，后来发展成为文、法、商、理4院17系的综合性大学。胡适毕业于中国公学，后来从美国留学回国后担任过校长。他说，中国公学的校史可以看作中华民国开国史和中国教育制度沿革史的一部分，它的光荣、它的价值，将是不朽的、崇高的。

264）作家杜宣回忆在吴淞中国公学的读书生涯时说："我们当初编校刊《中公三日刊》，印刷在吴淞镇上。每逢周六，就到炮台湾吃海鲜，游玩。白俄在那里开了一个海滨公园。""当时的炮台湾大学多，学生多，是很热闹的啊。""周日，小火车载着市民来炮台湾旅游度假，可惜祥和的日子给日本鬼子毁了。"

265）复旦公学是复旦大学的前身。1905年马相伯提请两江总督周馥支持，选定吴淞提镇行辕旧址（今吴淞中学）建立复旦公学。1905年9月14日复旦公学在吴淞正式开学，马相伯、严复等先后担任公学监督（校长）。至1911年复旦迁移新址前，共毕业高等正科生四届计57人。

266）同济在吴淞办学长达20年，在同济当教授，我知道解放前同济的声誉很大程度是在吴淞造就的。同济抗战期间曾经离开上海，1946年抗战胜利后回到上海，在这之前有三段不同的空间历史。最初10年（1907—1917）是在上海市区，随后 20 年（1917—1937）搬到吴淞办学，抗战发生后 10 年是在四川李庄（1937—1947）。

267）同济大学始于 1907 年创办德文医学堂，初创时位于上海白克路（今凤阳路）。1908 年学生增多，学校在今复兴中路（今上海理工大学复兴路校区）购地 12 亩自建校舍。1912 年建立工科，校名改为同济德文医工学堂。1914 年法租界扩张，中法商议改订上海租界条约，同济校址被划入法租界。

268）1917 年法租界当局借口同济是德国的产业，为防止德国人制造武器，法国捕房总巡带人荷枪实弹包围同济，强迫校方召集全体师生于风雨操场，当众宣布解散学校。1927 年的大上海计划操盘手沈怡，当时是同济土木专业第一年新生，他在自述中说，他那天正好在外边，回来后就进不去学校了。

269）1917 年教育部接手，将同济改名为同济医工学校，作为国内较早的国立大学，由华人组成校董会。同济移址吴淞，开始了在吴淞 20 年的发展历史。在吴淞建校，当时有"小火车"连接吴淞与上海市区。当年小火车是同济老师和学子的主要的交通工具，从吴淞车站出来向北可以直达校门。

270）1927 年国民政府正式命名学校为国立同济大学。到 1937 年，同济大学形成了医、工、理三大学院，成为当年闻名世界的科学中心之一。可惜 1932 年"一·二八"事变同济校园被日本人轰炸，1937 年"八·一三"事变同济校园被日军炮火完全毁灭。同济从此告别吴淞，只留下了同济路的路名。

271—280：大上海都市计划

271）1929 年的大上海计划是上海发展第一次引入现代城市规划的手段，1946 年出现了更加宏大也非常魔都的大上海都市计划。一是聚集一批海归的建筑规划精英搞了三四年，规划设想堪比 1944 年的大伦敦规划；二是先后磨出三稿，加上会议记录一大堆，但锁在档案里没有能够实施；三是上海后来的城市发展印证了它的许多展望和畅想。

272）研制 1929 年的大上海计划，思想缘起和组织实施有很好的三人组，即上海特别市首任市长黄郛、工务局局长沈怡和建筑师董大酉；同样地，抗战胜利后搞大上海都市计划也有很好的三人组，即市长吴国桢、工务局局长赵祖康、建筑师鲍立克。后者用集体讨论的方式研制规划方案，是上海城市发展的第一次思想大碰撞。

273）在普林斯顿大学获政治学博士的时任市长吴国桢亲任都市计划委员会主任，时任工务局局长、道路专家赵祖康任执行秘书。第一次讨论就确定：计划时期为 25 年到 1970 年，往远看 50 年到 1995 年。计划地区以 1927 年核定的上海特别市范围为对象，但必要时要超越到市区以外的更大区域。

吴国桢（1903—1984），字峙之，湖北建始人。早年就读天津南开中学和北京清华学校。1921年赴美国留学，1926年获普林斯顿大学政治学博士学位。1926年回国进入政界。1946—1949年任上海市市长。1949—1953年去台北任"省主席"。1953年辞职前往美国。1966年在美国佐治亚州阿姆斯壮大学任教授。著有《吴国桢八十忆往》等。

274）1946年上海都市计划委员会成立大会上，吴国桢指出，为医治战争创伤，复兴上海城市必"先确定今后都市建设标准，规定大纲及目前施政准绳。如全市分区即商业区、住宅区、工厂区、码头区等，当然有天然条件，但区划必须有规定，而后施政方有方法。若谈到花园都市，那么更要有计划了"。

275）赵祖康后来回忆说，吴国桢"确是有抱负，想做一番事业"。吴国桢曾指定赵祖康负责筹划在黄浦江上建桥的事情。赵祖康委托当时的中国桥梁公司进行可行性研究，并请他的老师茅以升出马负责。茅以升经过踏勘认为黄浦江大桥的理想地段是在爱多亚路即今延安东路到陆家嘴一线。

276）从1946年到1949年历时三年，大上海都市计划从初稿到二稿再到三稿，赵祖康是整个项目的主持者和操盘人。他组织咨询专家成立了技术顾问委员会，强调都市计划的编制原则，一方面要反映第二次世界大战后世界各国编制都市计划的先进经验，另一方面要从上海实际情况出发。

赵祖康（1900—1995），字静侯，江苏（今上海）松江人。1922年毕业于唐山交通大学土木工程系，1930年赴美国康奈尔大学学习。1931年回国在交通大学任教。1945—1949年任上海市工务局局长，主持大上海都市计划。1949年5月任上海市代理市长。解放后历任上海市工务局局长、规划建设管理局局长、上海市副市长、市人大副主任等。

277）搞大上海都市计划正好经历了朝代转换。1949年初国民党看到大势将去，讨论年度预算有人要停止项目，赵祖康据理力争把都市计划编制项目保留下来，同时在当年完成了第三稿修改。其间国民党淞沪警备司令部几次派人索要计划三稿，准备带去台湾，赵祖康都以各种理由拒绝了。

278）1949年5月上海解放，此前几天赵祖康代理上海市市长。解放后第二天，新任上海市市长陈毅会见赵祖康，办理新旧政权交接。赵祖康将大上海都市计划三稿面交陈毅。解放后编制规划工作继续进行，1950年完成后经陈毅市长批准，将第三次修订的大上海都市计划印发给政府各部门参阅。

279）时任圣约翰大学建筑系教授的德国设计师鲍立克是大上海都市计划的专业核心人物。同济大学侯丽等人的研究，发现许多设想是按照鲍立克的观点进行的。可惜的是，现在人们对匈牙利建筑师邬达克在上海搞的国际饭店等物质性建筑遗产了解很多，对在大上海都市计划这个非物质遗产上做了思想贡献的德国规划师鲍立克了解很少。

R. 鲍立克（R. Paulick，1903—1979），德国建筑师和城市规划专家。1923 年入萨克森理工学院（后为德累斯顿工业大学），后转入柏林工业大学学习建筑学。1933 年流亡上海，开办建筑设计事务所。1935 年因设计华尔道夫酒店中国餐厅一举成名，1949 年返德。他在上海生活 16 年，对现代城市规划在中国的教育、传播与实践有重要影响。

《鲍立克在上海——近代中国大都市的战后规划与重建》，侯丽、王宜兵著，同济大学出版社 2016 年版。该书追溯鲍立克在上海的生活与工作轨迹，描述了鲍立克作为一个国际专业人士，如何与不同群体和机构互动交流，通过研制大上海都市计划表达其对理想城市和上海发展的憧憬与向往。

280）1929 年的大上海计划和 1946 年的大上海都市计划，是上海城市发展史上的重要成果，对上海和中国城市发展具有开创性的意义。从大上海计划到大上海都市计划，可以看到上海城市发展中的专业主义。上海的专业、开放、包容、创新等城市精神和城市文化就是通过这样的重大事件积淀和发展起来的。

281—290：有机疏散的城市体系

281）不是这方面研究的学者，不小心会把 1929 年的大上海计划与 1945 年的上海大都市计划混淆成为一件事。其实这两个空间发展规划的时代背景和发展目标是不同的。前者发生在租界收回前，要针对租界城市发展上海自己的城市新中心；后者发生在租界收回后，是要应对人口增长建设有机疏散的大都市。

282）1927 年成立上海特别市，租界类似上海的国中国。研制大上海计划，是要平地而起建设一个上海华界新市区，提高对租界城市的竞争力。上海特别市的市域面积 893 平方公里，大上海计划主要研究不包括租界的其中 495 平方公里，花力气规划建设的是江湾新市区 7000 亩即 4.7 平方公里的空间。

283）1945 年抗战胜利收回租界之后，上面的问题不再存在。研制大上海都市计划，重点是应对人口的持续增长，如何进行有效的空间布局。1945 年上海建成区面积约 80 平方公里，人口密度每平方公里超过 20 万。如果上海市域面积承载最大人口是 700 万，超过 700 万之外的人口就需要在上海之外解决。

284）大上海都市计划提到，以 1946 年上海市人口 376 万为基数，25 年后的人口估计为 700 万，50 年后的人口将达 1500 万。我曾看到这个计划最初的一个计算方案，1945 年的人口基数为 355 万，年人口增长率设定为相对低的 2.4%，有方程 $A=P(1+0.024)^n$，n 的中期是 25 年，远期是 50 年，得到 1995 年的人口为 1160 万。

285）大上海都市计划引入了有机疏散概念，试图通过建设卫星市镇解决问题。这里的卫星市镇不是简单的郊区城市概念。与今天强调的独立性综合城市有类似，卫星市镇是具有完整功能的城市单位，包括工业、居住、商业娱乐等，要按照市区标准而非郊区标准进行建设，人口需要就近工作，以减少市镇和市区之间的交通。

286）上海大都市计划设想城市空间发展是多层级的城市体系。中心城区吸纳人口 700 万。之下和之外是由 50—100 万人组成的市区单位或卫星城。再以下是 16—18 万人组成的市镇单位，包括工业和住宅，外围有绿带隔离，控制在 30 分钟步行距离之内。每个市镇单位之下包括 10—12 个 1.2—1.6 万人组成的中级单位。中级单位之下是 3—4 个 4000 人组成的小单位，以小学为中心。

287）新虹桥梦想城是鲍立克花了精力研制的市区单位样本。新虹桥区占地 60.95 平方公里，规划容纳人口 60 多万，分为三个市镇单位。每个单位各有其工业区与住宅区，其中住宅占地 40%，工业占地 20%，绿地和道路面积为 40%。新虹桥梦想城计划有一个中心区，包含中学、医院、戏院、运动场等。

288）二战前世界上有关城市发展存在分散与集中的争论，二战后有机分散和去中心化成为许多大城市发展规划的指导思想。继 1944 年的大伦敦规划之后，大上海都市计划成为这方面研究的新典范。有趣的是，当年参加大上海都市计划的金经昌和李德华后来在同济大学建设中国最早的都市规划专业，在此基础上发展出了一个同济学派。

金经昌（1910—2000），生于武昌，原籍江西婺源，城市规划学家和摄影艺术家。1931—1937年就读于同济大学土木系，获工学学士学位。1938年在德国达姆斯塔特工业大学先后就读道路及城市工程学与城市规划学，1940年毕业后留校。1946年回国任职上海市工务局，修改完成了大上海都市计划。1947年起在同济大学任教授。

李德华（1924—2022），生于上海，1945年毕业于上海圣约翰大学土木工程系，获建筑工程理学学士和土木工程理学学士双学位，1946年起参加大上海都市计划编制工作。1952年从上海圣约翰大学建筑系转入同济大学，1986年担任新成立的同济大学建筑与城市规划学院首任院长。

289）比较战前的大上海计划和战后的大上海都市计划，我觉得两者蕴含了对上海城市空间发展具有战略意义的两个重大问题，一个是大都市的中心城区如何具有竞争力，另一个是大都市如何从单一的中心城市发展成为多层级的城市体系。这样两个方面是观察上海城市空间发生发展的基本点。

290）近些年参加有关会议，听到新加坡城市规划大师刘太格介绍新加坡建设多层级城市的事例，我会想到这样的想法其实从解放前的大上海都市规划就已经有了。而鲍立克有关新虹桥梦想城建设独立的副中心城市的想法，可以认为上海从那时开始就有了后来东京那样建设多中心都市圈的思想萌芽。

291—300：许多想法既超前还管用

291）我手头有同济大学出版社出版的《大上海都市计划》精装本，这是我最珍惜的藏书之一，会反反复复查阅和研读。我惊叹大上海都市计划的许多思想既超前还管用，除了前面提到的城市空间要有机分散、去中心化之外，发现上海城市空间发展现在碰到的许多问题，可以在70多年前的大上海都市计划中找到思想萌芽。

292）大上海都市计划编制队伍是个梦之队。他们引入了二战以后世界上有关城市发展的许多新理念新方法，头脑风暴差不多把有关上海城市发展的重要问题都讨论过了，给出了今天看来仍然有参考价值的解决思路。有些问题虽然最后没有放入大上海都市计划的正式文本，但是在记录中记下了当时各抒己见、火花四溅的思考。

293）在城市功能方面，大上海都市计划明确"大上海区域、以其地理上之位置，应为全国最重要港埠之所在"。鲍立克强调上海的定位是国际大都市，是中国的经济中心，如果不建立这样的理念，就不能编制出一个真正的都市计划。这样的城市发展定位，发出了上海建设航运、贸易、金融、工业等多功能国际中心城市的先声。

294）在港口建设方面，针对当时大大小小码头散落在黄浦江两岸的情况，大上海都市计划提出上海建设世界级港口城市需要建设集中式的深水港。北边，长江口的吴淞有不错的港口地理位置，但要经常进行河道疏浚。更好的选择，也许是在南边的杭州湾建设适合远洋航运发展趋势的深水港。

295）由此空出的浦江两岸作为何用？外国专家韩布葛提出了要释放浦江岸线"留作市民公用之途"的看法。这个想法有先见之明。今天我们已经看到上海的一江一河从工业锈带转化成了生活秀带，成为老百姓可以在其中散步、游逛、嬉戏、享受的最大的公共空间，实现了把最好的空间资源为人民所用的历史目标。

296）在城市干道方面，大上海都市计划强调要以中山路为基础建设围绕中心城区的环路和贯穿东西向和南北向的干道。鲍立克认为交通体系要区分对外交通、快速交通和普通地面交通，在市中心要尽量多造高架快速干道。这些想法可以帮助我们理解为什么现在围绕内环线和东西南北十字路建设起了申字形高架路。

297）在绿化建设方面，大上海都市计划指出要在中山环路以外建设2—5公里宽的绿带，来弥补市中心区的绿地稀缺，绕城绿带要向外作辐射状延伸。今天上海中心城区已经大大超越当时的范围，虽然内环线周围没有条件建设所设想的环城绿带，但是我们建设了更大更长的外环绿带以及对内延伸的锲形绿地和对外发展的带状绿廊。

298）在分区功能方面，大上海都市计划设想将原租界跑马厅周围的区域设置为行政区，将江湾一带夭折的行政区发展为上海的文化事业中心，因为这里地点适宜、环境优美，且已有图书馆、博物馆、运动场等设施。解放后特别是改革开放以来我们看到人民广场发展成了市政府所在地，江湾一带变成了大学城。

299）大上海都市计划记录了当时对浦东发展的激烈争论。异议者认为浦东与上海之间有交通困难，上海可以向西南发展，不必花巨资建越江通道。支持者认为上海发展需要东西平衡，浦东有海岸线优势可以建港口，在陆家嘴一带搞商业区应该很美观。当时谁也说服不了谁，只好把浦东筑港和发展问题先搁置起来。

300）研究上海城市空间发展，我一直觉得东西向是强势，南北向是弱势。研读大上海都市计划，我发现当时对南北联动和对外辐射是有关注的，提出北边要建设吴淞铁路总站通江阴，南边要建设乍浦铁路客运总站通杭州。这样的思考对上海当下的宝山金山南北转型和对外辐射仍然具有重要的现实意义。

4

生产性城市（1949—1978）

　　解放后，上海从消费性城市转向生产性城市，从江南制造局开始的工业兴国情节成为城市发展的主旋律。这是魔都现在建设有世界影响力的全球城市，与纽约、伦敦、东京等城市非常不同的经历和特征。

301—310：上海市域面积变大了

　　301）解放后，上海为解决几百万人的菜篮子问题，向中央提出扩大城市面积。1958年，中央将江苏的10个县划入上海，上海的市域范围一下子从原来的几百平方公里扩大到了接近现在的6340平方公里。我们这些新中国长大的上海人，小时候的上海概念，很长一段时间是市区有10个区和郊区有

10个县。

302）上海市域面积扩大了，与此同时对城市人口增长却开始了严格的管制。1976年上海全域人口1081.3万，这是市区与郊区的人口总和。解放后的20多年，不管市区还是郊区，可以看到人口增长都是缓慢的。1959年上海郊区10个县的人口是441.1万，到1976年为529.4万，17年间的人口净增长只有20%。

303）世界上常常用人口增长衡量城市建成区的吸引力和繁荣。在市区方面，1946年的大上海都市计划，按照人口自然增长曾经估计到1970年上海人口会超过700万。解放后的现实是，1949年的上海市区人口为418.9万，1976年这个数字是551.9万。与大上海都市计划的估计有大约150万的差异。

304）解放前后上海人口的增长差异，有着非常特殊的时代背景。新中国成立后面对美蒋的封锁和禁运，政策面对上海人口规模的看法发生了重要的转向。以前是预期上海城市能级提高需要人口增长，城市空间安排要考虑人口增量往里去；现在是要控制上海这样的沿海大城市增长，空间规划要成为人口控制的调控手段。

305）从常态化的角度看，事实上从1958年江苏10县划入开始，上海城市的空间框架就需要区分两个不同的范围。一个是包括市区10个区的上海中心城区空间；另一个是包括郊区10个县的整个上海市域或市域都市圈空间。重要的区别是，解放后中国行政区划意义上的上海市，与国外建成区意义上的单个城市不是一回事。

306）因此，讨论上海的人口与空间发展布局，从宏观上需要区分四种情景。第一种是中心城市和市域都市圈的人口都做大；第二种是中心城市和市域都市圈的人口都控制；第三种是中心城市的人口持续增长，市域范围的人口增长相对滞后；第四种是中心城市的人口增长有天花板约束，但是市域都市圈的人口可以放开。

307）解放前的大上海都市计划属于第一种情景，解放后到改革开放前的城市发展思路属于第二种情景。1959年的上海城市总体规划，设定到1974年左右，上海市域的人口规模控制在580—600万，其中中心城区人口要减少到300万，近郊区控制在100万，卫星城市人口为180—200万。在城市建设用地规模上，要控制在600平方公里左右。

308）改革开放以来40多年，上海人口与空间发展的情况属于第三种情景，即中心城市人口超预期增长，市域都市圈的二级城市人口吸集能力相对不足。多年来包括笔者在内的一些研究者强调，上海城市空间不是单一城市而是城市组合，在中心城市不断扩张的情况下要防范郊区城市发展出现太阳底下不长草的情景。

309）从可持续发展的角度看问题，上海最适宜的发展应该是第四种情景，即中心城市人口增长有天花板，市域都市圈人口规模要增长。讨论上海城市发展要防止对空间布局不加区分的两种倾向。一种是强调人口控制，从中心城到都市圈的人口增长都要减少；另一种是强调人口增长，但是对中心城市的人口增长没有红线约束。

310）另一方面，上海这么大的市域空间，是纽约、伦敦、巴黎等传统全球城市化不可能有的，这为发展制造业提供了特殊的空间条件。解放后，中国大城市的定位是建设工业化特别是重工业化的城市。上海开始走上单一工业功能的生产性城市发展道路，从江南制造局缘起的工业兴国情节成为城市发展的主旋律。

311—320：从消费性城市到生产性城市

311）1949 年，在全中国解放前夕，中共中央在河北西柏坡举行进城预备会议，确立了把"消费的城市变成生产的城市"的方针。什么是生产性城市，当时主要是看工业在城市发展的两个比重，一是工业总产值在城市经济中的比重，另一个是在工业中就业的人口占城市总人口的比重。

312）1950 年代提倡向苏联学习，来中国指导城市发展的苏联专家，提出了生产性城市的人口结构理论。他们把城市人口按照职业分为三种类型，工业、港口、铁路等产业职工以及专科以上学生是基本人口，机关、团体、贸易、市政公用以及自由职业者是服务人口，而依靠他人抚养者被定义为被抚养人口。

313）苏联专家认为生产性的城市应该是基本人口大于服务人口的城市，例如苏联城市的基本人口一般占总人口的30%—35%，服务人口占 18%—23%，被抚养人口占 45%—50%。而上海 1947 年的情况是基本人口占 13.2%，服务人口占 34.7%，被抚养人口占 52.5%，他们认为上海是一个畸形发展的消费性城市。

314）苏联专家提出，上海城市发展需要控制人口增长，改变人口结构。上海城市的人口容量最大应该是 500—600 万，而被抚养人口、服务人口、基本人口的比例应该为 2:1:1。重点是减少服务人口，增加基本人口。当上海的基本人口比重增长到 25%—30% 时，由消费性城市变为生产性城市的目的就基本达到了。

315）在这样的背景下，上海出现了一场弱城市化的社会大迁移。除了限制外来人口迁入，关键的政策手段是疏散被认为没有生产意义的"消费人口"，具体做法包括支援外地建设，动员城市人口回乡，知识青年上山下乡，以及疏散失业人员和无业游民等。这可以解释为什么改革开放前很长时间，中国的工业化强于城市化。

316）从 20 世纪 50 年代的"内迁"，到 60 年代的"支内"和 70 年代的"插队"，上海人口迁出至少有 200 万之众。我义父原来在外滩的广东路上班，1960 年代初支援内地去了青海，一直到退休后才回上海。上海从 1963 年开始就动员知识青年到新疆去，我姐姐和我自己中学毕业赶上上山下乡一片红，先后去了黑龙江军垦农场和浙江农村插队落户。

317）有意思的事情是，上海由此在江苏和安徽增加了几块飞地。这些飞地，地理位置上与上海没有直接联系，但是行政上属于上海管理，人员主要是上海派遣和疏散出去的。在飞地中可以看到各种"上海元素"。在飞地生活的人用的是上海粮票，买东西用上海话讨价还价，连买菜的菜篮子都是上海风格。

318）一块大的飞地是江苏盐城的大丰农场。解放后上海首任市长陈毅曾经是新四军的老军长，他得到中央批准在曾经是新四军根据地的盐城建了大丰农场，用来安排上海的疏散人员。大丰农场占地300平方公里，比解放前的上海建成区面积还要大，现在已经发展成为上海米袋子和菜篮子的重要保障基地。

陈毅（1901—1972），字仲弘，四川乐至人。1919年赴法国勤工俭学，1921年回国。1927年在武汉中央军事政治学校担任政治工作，同年参加南昌起义。建国后，1949—1954年任华东军区司令员兼上海市市长。1954年任国务院副总理。1958年2月兼任外交部部长。1966年任中央军委副主席。文革期间1969年下放石家庄。

319）这些年我兼任了盐城国际湿地研究院的专家。一次到盐城开会，开会结束特地与夫人一起去看大丰农场。那里的上海知识青年纪念馆勾起我们许多回忆。"文革"初期，大丰农场是上海知识青年插队的一个主要去处，最盛期这里的上海知青高达 8 万多人，到我们下乡插队的时候已经轮不到了去大丰农场。

320）其他的飞地包括南京梅山的冶金基地和安徽郎溪的白茅岭农场。梅山基地是给上海的钢产业提供铁矿，在南京用代号 9424 表示。当地人叫梅山基地是小上海，里面的工作人员都是上海的编制、上海的户口，孩子可以参加上海的高考。白茅岭农场又叫白茅岭监狱，占地 40.5 平方公里，是上海无业游民、劳改犯等的主要外移基地。

321—330：苏联专家的城市彻底革命

321）20 世纪 50 年代各行各业强调向苏联老大哥学习，上海城市空间规划的研制也出现了风格转换。1950 年苏联专家提出了《关于上海市改建及发展前途问题的意见书》，1953 年苏联专家 A. C. 穆欣来沪指导编制《上海市总图规划示意图》。他们批判以前的大上海都市计划，说上海需要有一场大动干戈的城市彻底革命。

A. C. 穆欣（A. C. MYЩИН），前苏联建筑师和城市规划师。1940 年代担任摩尔曼斯克市总建筑师。1950 年代在莫斯科中央城市设计院任职。1952 年 4 月被派到中国担任建筑工程部顾问，是第二批来中国的苏联专家，1953 年 10 月返回莫斯科。其间曾在上海指导编制《上海市总图规划示意图》。

322）穆欣认为以前的上海是一个帝国主义侵略所造成的没有思想性的城市，强调新上海的城市规划和建设要有宏大的建筑艺术布局。他说，上海是中国海上的大门，外国船只从海上来到新中国，第一个印象便从上海取得。上海的城市要有思想性，应该在建筑艺术上表现出新中国的伟大、壮丽、民主、富强与和平。

323）穆欣有关上海城市空间形态需要彻底革命的规划设想，操作性的内容主要有三点。一是不要搞新城市，而是要改造旧市区。以前的大上海都市计划强调在市中心之外搞卫星城，用现代化交通做更加庞大的城市，这是不能采用的。上海最合适的改造方法，是以现有市区为中心扩大面积发展新市区。

324）当时苏联专家也给北京提出类似的建议，遭到中国专家梁思成和陈占祥的反对。梁、陈曾经提出过北京城市发展的双中心方案，即千年空间的北京老城区要严格保护，可以在西郊从无到有搞新城区。但是最终结果是采用了在老城区搞城市扩张的方案。时至今日，业界谈到这件事仍然会耿耿于怀。

325）二是穆欣把莫斯科城市的空间样式搬到中国城市，强调上海市区要大刀阔斧进行改造，目标是建设由多层同心圆组成的单中心大城市。中心城区的空间重构要以人民广场为中心，福州路—延安路要改造成为贯穿城市中心的东西向轴线，外围要从中山环路向外形成多环放射的"莫斯科样式"。

326）三是要将福州路拓宽到 40 米，形成从外滩沿福州路到人民广场、然后沿延安路继续向西的城市中轴线。在人民广场要建设坐西向东的市政府大厦，建筑必须壮丽雄伟，从外滩就一眼可以看得到。外滩一带的建筑应配合轴线建设，将海关大楼、上海大厦等组织进去，并在南边修建对称的大楼和大厦。

327）现在在当年的规划图上看穆欣画的城市中轴线，想到如果当时真的这么做就糟糕了。上海从外滩到人民广场的城市空间，经过租界以来 100 多年的发展，人口和建筑都是高度密集。搞这样一种刻意强调几何美的城市中轴线，不是从无到有在平地上搞新市区，大拆大建之下会伤筋动骨毁掉多少历史建筑和城市肌理？

328）我一直认为魔都之魔首先在于空间之魔，上海城市的空间形态是世界上少有的。开埠以来在三界四方体制下发展起来的旧上海，空间基因是多中心多功能的拼贴，大拆大建回到单中心的圈层式大城市是简单粗暴的。对上海城市空间的再组织，特别需要设计结合自然的现实主义思维和方法。

329）1956 年时任城建部部长的万里到上海考察，说没有什么彻底革命的城市规划，上海城市建设还是要符合自己的情况。1959 年出台的《关于上海城市总体规划的初步意见》及《上海城市总体规划草图》，最终没有简单追随苏联专家意见，而是提出了逐步改造旧市区、严格控制近郊工业区、有计划地发展卫星城的建设方针。

330）因此，上海虽然没有按照解放前的大上海计划把城市做大，但是也避免了对已有城市的推倒重来。解放后几十年，上海在对旧市区工人阶层住区进行更新改造的同时，重点是在郊区建设闵行等几个工业卫星城。1950 年代城市建设学习苏联，现在在中心城区留下的代表物是在原哈同花园废墟上建起来的中苏友好大厦即今上海展览中心。

331—340：人民广场成为市中心

331）新中国出生的上海人，从小的印象就是人民广场是上海城市的市中心。小时候到人民公园去玩，大家喜欢以国际饭店为背景摆姿势拍照片；国庆节，弄堂里的小伙伴会结伴突破各种封路去人民广场看节日游行和烟火；文化大革命时期，批判走资派、造反派集会、庆祝最高指示，许多政治事件在人民广场发生。

332）上海三种城市文化各有各的空间印记，如果江南文化的空间代表是南市老城厢，海派文化的空间代表是当年江湾五角场的上海新市区，那么红色文化的空间代表，我认为是解放后成为上海市中心的人民广场。人民广场是从公共租界的跑马厅改造而来。我们上小学的时候就听老师讲人民广场是新中国改造旧上海殖民空间的重大成功。

《文化适应与中心转移——近现代上海空间变迁的都市人类学研究》，张晓春著，东南大学出版社 2006 年版。该书研究了上海建成以来的四个城市中心，即开埠前上海县城的豫园和城隍庙、开埠后的外滩租界、民国时期的江湾五角场以及新中国成立后的人民广场，勾画了上海城市空间格局的变迁和中心迁移。

333）从旧上海地图一眼可以看到当年跑马厅的显豁位置。1861 年跑马总会董事霍格要求划出一圈土地作为跑马跑道，得到上海道台默许。他策马扬鞭从今第一百货商店的位置起，向西转南兜了个大圈子回到原地，然后按马蹄的痕迹圈起来，用低价强征圈内农田 466 亩，迫使三万多户农民离开家园，建成了号称远东第一的上海跑马厅。

334）旧时跑马厅不仅是在华西人跑马赌钱的娱乐狂欢场所，还是西方列强的政治表达空间。每逢美国国庆或英王寿辰，公共租界要在跑马厅举行阅兵活动。1900 年侵华战争结束，德国元帅瓦德西在跑马厅检阅各国军队。1918 年第一次世界大战结束，协约国军队连续 3 天在跑马厅举行庆祝大会。

335）"五四运动"后上海华人各界强烈要求撤销跑马厅。1934 年哲学家李石岑在报纸上发文章《上海的将来》，预言租界必然收回，到时最好的做法是将跑马厅改为"人民公园"，成为人民集会的重要场所。可悲的是，1945年租界是收回了，国民党接收大员的心思不是建设上海，而是趁机给自己捞外快。

336）解放后，改造跑马厅的期盼有了实现的可能，红色上海的城市中心开始形成。1951年陈毅市长下令收回原跑马厅的全部土地。政府在征求了各界人士的意见后，决定将跑马厅拆除改建成为"美丽的文化休憩公园和人民的广场"。北半部建成人民公园，南半部建成人民广场，当中建设东西向的人民大道。

337）跑马厅占地面积大，改造是分阶段完成的。1951年先将南部开辟为人民广场，修筑了横贯东西的人民大道，以便政治集会时游行队伍通行。1952年北部的公园建成开放，陈毅题词，命名为"人民公园"。1964年在广场北侧建设了带有办公大楼功能的检阅台，这是后来的市政府大厦前身。

338）1990年浦东开发以来，虽然市政府的办公地点已经从外滩搬到了这里，但是广场的政治集会功能开始弱化，取而代之的是休闲文化功能。政府要把人民广场及其周围地区打造成为上海城市的文化高地，规划建设了一批代表上海文化的标志性建筑物。上海的地铁网络开始从这里形成并往外延伸，人民广场成为市中心的地铁换乘点。

339）人民广场的新改建，从人民公园到人民大厦到上海博物馆，特地设置了一个南北向的中轴线，零交通起点位置就在中轴线上。在人民公园里面，中轴线将公园布局分成两半部分，西边是传统的园林景观区，东边是现代的休闲娱乐区，传统园林艺术和现代建筑艺术在这里各显身手，相互辉映。

340）从人民广场可以看到上海城市红色文化空间的主体性和包容性。人民广场的北端是有政治意义的市政府大楼，南端是天圆地方有中国韵味的上海博物馆，东侧是介绍上海城市发生发展的规划展示馆，西侧是夏邦杰设计的上海大剧院以及原来的跑马厅大楼即今上海历史博物馆。我最喜欢去城市规划厅和历史博物馆，可以研究上海发展的过去、现在与未来。

341—350：肇嘉浜变成林荫道

341）解放后上海在国内外最有影响的市政工程是填浜筑路形成的肇嘉浜路，这是我读中学走过许多次、有一点点感情的一条马路。1960年代后期在上海中学读书是住宿，周末从家里返校，常常沿着陆家浜路—徐家汇路—肇嘉浜路步行走到徐家汇，然后坐50路公共汽车去上中学。那时候走在肇嘉浜路上，特别喜欢在中间的林荫道边走边玩。

342）肇嘉浜解放前是法租界和华界的界河。民国时期肇嘉浜两岸集中了许多政治、经济、文化机构，例如旧上海市政府、自然科学研究所、大中华橡胶厂、中唱公司、中山医院、清真公墓以及枫林桥监狱等。1927年上海成立特别市，成立仪式就是在枫林桥的旧市政府举行，蒋介石亲临讲话。

343）其实肇嘉浜连着南市老城厢，曾经是流经上海县城最大的一条河流。老城厢复兴东路的前身就是肇嘉浜。它西面从老西门水门入城，从县衙前面穿过，东面由大东门水门流出进入黄浦江。古时候，上海人出门远行以舟楫为主，小船出县城沿肇嘉浜向西，入蒲汇塘，走泗泾，可以直接到松江府。

344）辛亥革命后，肇嘉浜东段填河筑路，西段打浦桥以东成为断头河。1914年以后法租界沿浜北岸修筑徐家汇路，华界沿浜南岸修筑斜徐路，河浜两边分别隶属于租界与华界，肇嘉浜成了大家都不管的河浜。没有多少年，肇嘉浜就成了远近闻名的臭水沟。这一带的棚户区是旧上海最糟糕的贫民窟，许多人居住在肇嘉浜的水上阁楼中。

345）"水上阁楼"的棚户区建筑是旧上海肇嘉浜特有的景观。它们在淤积的河床中用毛竹或木桩搭建草棚，草棚的另一端搭在河岸上。草棚下面是恶臭的河水，地板是有裂缝的旧船板。一到雨天，水上阁楼就成了水中阁楼。每逢盛夏酷暑，这里就会有人暴病死亡，有资料说当时每天能收到十多具尸体。

346）解放后，改造肇嘉浜成为新上海市政建设的第一仗。1953年，担任国务院总理的周恩来在陈毅市长陪同下，来到肇嘉浜水上棚户区考察。周恩来走进低矮的、半截浸在污水里的破旧板房，摸一摸床上的被褥湿不湿，问居民在哪里汲取饮用水，在哪里淘米洗菜，生病的人多不多。

347）回程路上，周恩来叮嘱上海要做好改造肇嘉浜规划，最大程度改变老百姓的居住条件和城市环境。1954年政府投资745.2万元，浩大的工程正式上马。1957年肇嘉浜改造工程完成，变成了40米宽双向车道的通衢大道，中间是街心花园，命名为肇嘉浜路，成为当年上海最大的市政新景观。

348）上海当年的肇嘉浜工程，与北京的"龙须沟"项目呼应，成为新中国成立初期一南一北两大城市改造取得的重大成就。1974年，在瑞典斯德哥尔摩举行的国际城建交流会上，中国介绍了改造肇嘉浜的过程。与会人员看到肇嘉浜今昔对比的照片，赞赏新中国在民生问题上的投入。

349）肇嘉浜工程虽建于1950年代，今天看起来却非常符合可持续发展战略倡导的三重效益。一是填掉河道淤塞、臭气冲天、传染疾病的污水沟，具有环境效益；二是老百姓迁移搬入新建的漕溪新村等住区，具有社会效益；三是肇嘉浜填河筑路与陆家浜路和徐家汇路连成城市交通干道，具有经济效益。

350）改革开放后，上海中山环路内建设三纵三横快速交通，肇嘉浜路改造成为南边一横的东西向主干道，马路当中原来的林荫步行道和公园被拆除了。曾经住在肇嘉浜路两边的原住民，现在经常会怀念20世纪七八十年代的场景：上午是不同拳种的人群在这里切磋练拳，晚上这里是散步者和小情侣的天地。

351—360：蕃瓜弄曾经是贫民窟

351）1949 年上海棚户区的人口有 115 万，占总人口的三分之一，解放后城市建设的民生重点是改造分布在市区周边的棚户区，改善工人阶层的居住条件。上海对棚户简屋的改善改造，当时取得了称誉世界的成绩。这项工作与改革开放后的旧区改造相结合，可以用来解释为什么现在的上海没有国外城市的贫民窟。

352）到国外看城市，我经常逛两个极端的空间即贫民窟和富人区。我去过巴西里约、南非约堡和开普敦、印度孟买等世界上几个著名的贫民窟城市。有一次在南非访问半个月，有好几天时间专门与当地的学者一起到贫民窟考察。对照起来，感觉旧上海的蕃瓜弄情况比里约和约堡的贫民窟要糟得多。

353）蕃瓜弄因为长过一个奇大无比的南瓜而得名，解放前人称这里的草棚屋是滚地龙。它用竹片做骨架形成一个半圆形，上面盖上破芦席、破麻包，一头用破物堵住当墙壁，另一头挂上破草帘或破布做门。滚地龙很矮小，人要爬着进出，里面是由稻草、芦席和破棉絮组成的地铺。一个滚地龙经常要挤上五六口人。

354）其实，蕃瓜弄所在位置曾经是当年上海闸北的一块繁华地区。1908年沪宁铁路建成，人口在其南的姚家宅（相当于今蕃瓜弄的位置）地区聚集，这里建有致富里、锦裕里、如意里等石库门里弄，并有通河布厂、大中烛皂厂和许多商店。1937年"八·一三"事件，日军轰炸闸北，姚家宅被夷为平地。后来这里衰落成了难民集聚地。

355）上海解放后的棚户区改造是持续多年的行动，一直延续到"文革"以前的1965年。蕃瓜弄的改造，拆除棚户简屋2.69万平方米，建成砖混结构的五层楼房31幢，安置入住居民1964户计8771人。曾经的滚地龙，摇身一变成为建筑整齐、绿带环绕、生活方便的新型工人住宅区。

356）蕃瓜弄的改造，原拆原建，拆迁户全部按户原地安置，不仅符合节约用地的原则，也达到了提高土地使用率的要求，为后来上海人口密度较高地区的旧区改造积累了经验。1972年，意大利导演安东尼奥尼来中国拍摄纪录片《中国》，蕃瓜弄的变迁是他最想拍摄的上海故事之一。

357）棚户区的存在是城市空间发展不平衡的表现，上海人的说法是上只角下只角的差异。其实从上只角到下只角是一个光谱，当中有许多程度不等的空间。如果旧上海租界西区的花园别墅代表上海城市空间最上只角的那一头，那么像蕃瓜弄那样的棚户区就是最下只角的那一头。

358）大多数人认为城市贫民窟是一种负面的存在，但是我在哈佛访学期间听过他做演讲的城市经济学家格拉泽，却在他2011年出版的《城市的胜利》一书中表达了不一样的看法。他说，贫民窟虽然有健康、治安等严重问题，但是它还是给其中的老百姓带来了比原住地相对改进的生活和社会上升的空间，否则就不好解释贫民窟为什么会存在。

359）出国到里约和约堡，发现参观贫民窟在那里是别有风味的旅游观光项目，游客很多。蕃瓜弄是上海市级文物保护单位，当初改建保留了18间"滚地龙"，每年接受中小学生和国外友人参观，后来不知什么原因拆除了，只是在围墙上画了一些蕃瓜弄变迁的图片作为替代。

360）棚户区的改建以往常常采用一下子拆除、推倒重建的办法。但是在里约和约堡等城市，对贫民窟的改造是细水长流渐进进行的。一次在不破坏原有空间肌理的基础上改善一部分，把时间拉长分阶段持续这样做，整个贫民窟既可以实现生活条件现代化，又可以保存原来的空间肌理和文化。上海现在把这种小规模、渐进式的空间改造叫作有机更新。

361—370：工人新村变成上只角

361）如果上海人解放前的代表性居住空间是石库门里弄，那么解放后的代表性居住空间就是工人新村，其中最早建成的曹杨一村是样板。一批有欧美留学背景的专家教授，把工人新村规划建设做成了社会主义新上海的上只角，一时间引起上海人以能够住进工人新村为光荣。后来上海在中山环路外围建起了以"两万户"为代表的一大批工人新村。

《从模范社区到纪念地：一个工人新村的变迁史》，杨辰著，同济大学出版社 2019 年版。该书对上海工人新村的样本曹杨新村以及其中的居民进行近距离的观察与记录，通过对新村空间规划原则、两代新村工人社会身份建构、居住流动现象的分析以及对新村改造与保护的讨论，揭示工人新村背后的历史价值与社会意义。

362）曹杨新村开建于 1951 年，陈毅市长亲自选址，规划目标是建设大型居住区。曹杨一村 1002 户是其中的一期工程。由于东边的曹杨路、南边的中山北路和金沙江路、北边的武宁路都是交通干道，因此曹杨新村规划设计的主要挑战，是要避开四周的交通要道，不让它们干扰居民的安静和安全生活。

363）曹杨一村规划建设引入了国际上的邻里单位概念。邻里单位是 1929 年美国学者 C. 佩里（C. Perry）编制纽约区域规划时提出的概念，目的是避开交通要道切入社区，建设功能完备、生活便利的居住单位。社区规划不仅要考虑住房，而且要考虑它们的周围环境和相应的公共设施。社区功能至少要包括一所小学、零售商店和娱乐设施等。

364）现在大家知道城市发展要有 15 分钟生活圈，可以说 60 年前的曹杨一村就已经用邻里单位概念这么去做了。曹杨一村在中心造公共建筑，在周边造居民房，从边缘步行至中心大约 7—8 分钟时间。中心设立各项服务设施，如合作社、邮局、银行和文化馆等。小学及幼儿园平均分布在一村内，方便儿童就近上学。

365）留美回国的汪定曾主持了曹杨新村的规划，留德回国的金经昌参与其中贡献了创意和智慧。他们在规划设计曹杨一村的时候，没有把小区做成方方正正的网格，不搞轴线，而是结合地形因地制宜进行布局。保留原有的浜河水面，道路沿河岸分布，房屋顺着道路和河流走向呈扇形排列，创造了人与自然互动的花园社区格局。

汪定曾（1913—2014），湖南长沙人。1935年毕业于交通大学土木工程系。1938年获美国伊利诺伊大学建筑硕士学位。1939年回国，曾任重庆大学教授、中央银行工程科建筑师。建国后，历任上海都市计划委员会副主任，上海市城市规划管理局总建筑师、副局长，上海市民用建筑设计院副院长兼总建筑师等。

366）当时的苏联专家却不以为然，例如穆欣认为新村空间浪费，中心建筑杂乱，有人批评曹杨一村不是社会主义的风格。身在上海，我一直对以前没有去过曹杨新村感到遗憾。2022年春节期间，趁曹杨一村完成全新改建，我好好去转悠了一次。与从小到大住在这里的原住民攀谈，沿着河道漫步，在曹杨商场吃了午饭，感觉到了这里生活的便利性。

367）曹杨新村一问世，就被认为是社会主义新上海的上只角，在国内外引起很大反响。第一批住进曹杨新村的是来自沪西工业区的工作成绩突出的老工人，特别是当时上海支柱产业即纺织业的先进分子，其中包括杨富珍、裔式娟等新中国的第一批劳动模范。上海人羡慕地说："那可都是劳模才能享受的啊！"

368）时间是对曹杨新村的真正考验。1983年日本举行亚太地区城市建设会议，赵祖康带队参加，请金经昌拍了上海城市发展照片做成幻灯片在会上放映。曹杨一村的案例得到好评，认为比高层住宅方方正正的规划要生动活泼得多。2004年曹杨新村被评为上海市第四批优秀历史建筑，2016年被评为首批中国20世纪建筑遗产之一。

369）系里一位80后教师，从小在曹杨新村长大，在曹杨二中读完中学，考入清华读本科、硕士和博士，然后赴哈佛肯尼迪学院做环境政策博士后，毕业后来同济从教，学术冒尖破格晋升教授。他谈起曹杨新村的生活，有一种乡土情感。顺便提一下，后来担任国家领导人的江泽民同志当年也住在曹杨新村。

370）从小到大，我接触过的上海五六十年代出生的人，基本上可以分为石库门出来的和工人新村出来的两拨人。解放前的石库门里弄与解放后的工人新村，代表了上海城市两种非常不同的住宅风貌。有人说石库门里弄是海派文化建筑，工人新村是红色文化建筑。我说它们是不同时代的上海建造，不变的东西是上海城市骨子里的追求新潮和包容融合。

371—380：闵行工业卫星城

371）解放后上海建设生产性城市，重要的增量行动是跳出中山环路以内的老城区，在郊区飞地式建设几个大型的工业空间。其中最早启动、国内外有影响的是闵行工业卫星城。上海干事情强调服务国家战略，我觉得从产业发展看是从闵行工业卫星城开始的。它对新中国工业发展的意义，就像当初的江南制造总局。

372）最近到闵行开发区参加园区双碳发展研讨会，激活了脑子里对老闵行的许多记忆。闵行工业卫星城1958年开始规划建设，规划人口15—20万，规划用地21.7平方公里，相当于旧上海公共租界的面积，目标是建成一个机电工业为主的新城市。1960年代在闵行工作是非常光鲜的，以前老闵行如雷贯耳的事情至少有三个方面。

373）一是闵行工业区有"四大金刚"企业，即上海汽轮机厂、上海电机厂、上海锅炉厂和上海重型机器厂。这四家都是万人工厂，每家占地面积1平方公里左右，合起来是当年南市老城厢面积的2倍左右。上下班的时候几十部巨龙厂车开在沪闵路上，浩浩荡荡很壮观，路人会行注目礼。很多年后人们才认识到这里潜藏了职住分离的问题。

374）在解放后重工业兴国的特殊年代，"四大金刚"作为新中国工业的脊梁，创造了一个又一个的工业奇迹。闵行的区划后来几经变化，从"四大金刚"开始的制造业基质始终未变。读小学的时候，一条江南造船厂在上海重型机器厂造出万吨水压机的消息，曾经让中国上上下下感到振奋。

375）万吨水压机是我国第一台自主研制的基础性装备，它能反复锻压提升钢材性能。没有此类锻造设备，就造不出各类重大装备，也就谈不上工业现代化。过去60年来，它为造船、电力、冶金、矿山、国防等行业锻造了许多重量级部件。现在60多岁依然老骥伏枥在发力。

376）二是闵行工业区是棋盘路的新城市。其中"闵行一条街"位于今天的江川路，规划师是曹杨新村的设计者汪定曾，号称闵行卫星城的"南京路"，从开工到建成仅用了78天时间。大街两边是供职工上班时候居住的苏式多层住宅，住宅底层设置商业服务设施包括饭店、百货商店、邮局等，老百姓不出远门就能买到想要的东西。

377）"闵行一条街"建成后，国家领导人、国内外各界人士纷纷来此参观考察。刘少奇建议闵行一条街旁边种香樟树，后来由此成为中国第一条香樟路。电影导演喜欢用这条街作为外景地，拍摄新上海的电影。小时候看的中国第一部也是唯一一部彩色宽银幕立体电影《魔术师的奇遇》，就是在"闵行一条街"上拍摄的。

378）三是改建从徐家汇通向闵行的沪闵路。在上海中学读书，周末来回学校，每次都要经过两条沪闵路。两者在新龙华火车站即今上海南站附近相交。一条是老沪闵路，是最早从徐家汇经过颛桥通向闵行的老公路，有 100 多年的历史。另一条是 1960 年代为闵行建设工业卫星城特地新建的经过莘庄去闵行的新公路。

379）新老沪闵路是上海修筑的第一批从城市到乡村的市郊公路，述说着上海城市增长的历史。当年坐 50 路公共汽车从徐家汇到上海中学，以当时沪杭铁路道口为界，里面是一片城市风光，外面是一片乡村风光。现在闵行区已经归入上海主城片区，沪闵路已经成为上海对外延伸的高架路。

380）改革开放前上海建设工业卫星城有两种类型。早期主要发展闵行、吴泾等以某种工业类型为主、多个企业在同一空间集聚的工业卫星城。后来开始发展以某个大型联合企业为主体、居住区与市政公用设施配套的工业卫星城，金山和宝山属于这样的类型。对此，我们那时候的说法是，六十年代去闵行，七十年代去金山，八十年代去宝山。

381—390：从布票时代开始的金山发展

381）讲到金山，上海人脑子里想到的是杭州湾一带厂房林立的石化基地。金山发展是与石化工业连在一起的。1970年代建设上海石化，亲戚和邻居中有人去了金山工作。1990年代以来我研究可持续发展，曾经多次被邀请到上海石化做过报告。与美国的耶鲁大学合作做过上海化工园区的循环经济案例研究。

382）新中国成立后面临"二白一黑"等初级产品的挑战，二白是棉花和大米，一黑是煤。共产党从战上海到建上海，就是从一步步化解二白一黑走过来的。1972年在上海金山大规模建设石油化工基地，是毛泽东和周恩来画的圈。我们小时候买衣服要凭布票，在金山建设石油化工基地就是要解决当时全国人民的穿衣难问题。

383）选择金山搞石油化工基地，理由除了远离城市可以减少环境影响，就是建厂可以不占用农田。选址敲定金山卫，看中的是这里有滩地6.7平方公里，荒地3平方公里。金山石油化工基地主要是围垦滩涂荒地形成，1972年来自上海金山和浙江平湖的5万多农民工花半年时间参加了热火朝天的建设工程。

384）1974年上海石化一期工程完成，每年生产10万吨化纤产品，相当于250万亩高产棉田的年产量，可向全国9亿人提供人均1米的化纤织物原料。1980年二期工程开工建设，化纤产量翻番，提供化纤织物原料的能力增加到全国10亿人人均3米的年产量，实现了不占耕地解决穿衣原料问题的目标，为终结布票时代做出了重大贡献。

385）在金山搞石化基地是上海城市在最南边的又一次飞地式发展。跨越黄浦江现在有13座大桥，它们按照所跨越的区域分别取名为南浦大桥、杨浦大桥、卢浦大桥、徐浦大桥等，形成了一个体系。其中，第一座黄浦江大桥就是1974年为配合金山卫石化城而建，后来取名为松浦大桥，因为这座桥跨越了松江的黄浦江。

386）松浦大桥最初是黄浦江上唯一的公路铁路两用桥，后来变成黄浦江上第一座可以走人和骑车的慢行桥，因为2012年在上海南站和金山之间造了上海轨道交通第一条市域线。金山市域线的意义相当于上海第一条地铁线，上海发展市域都市圈需要建设市域铁路网络，金山市域线是最早的试水。

387）1980年代讨论浦东开发，上海出生的经济学家于光远提出过上海发展的"南下"方案，认为上海拓宽城市空间要跳出中心城区向杭州湾边距市中心70公里处的金山发展。但是南下方案最终没有被采纳。因为金山远在杭州湾，主要是化工基地。上海中心城区本身还需要做大，比较起来，开发开放浦东更为合适。

于光远（1915—2013），上海人，原名郁锺正，加入共产党后改名于光远。1932年考入上海大同大学，1934年转入清华大学物理系，1936年毕业。1939年赴延安。1948起在中共中央宣传部工作。1955年当选为中国科学院哲学社会科学学部委员。1964年起任国家科学委员会副主任等。1982年提出发展杭州湾北岸带状城市的设想。

388）几十年过去，现在讨论金山在区域发展中的意义开始显现了。一方面，金山向东接受上海自由贸易区临港新片区的辐射，向西可以联系嘉兴，向南可以联系宁波，有必要在杭州湾北翼发挥重要的门户城市作用。最近上海市域铁路布局将金山市域线扩展到浙江的平湖和海盐，就是具有这种意义的举动。

389）另一方面，2022年6月是上海石化建成50周年，没有想到的是大庆日凌晨超期服役的一期乙二醇装置发生了爆炸事件。内部人士说，国外同类装置运行寿命15年，上海石化乙二醇装置已超负荷运转45年。这个重要的警示信号，表明金山的石化产业改造和城市转型发展已经迫在眉睫。

390）2021年春节，疫情期间去不了外地，我带着家人到金山自驾游，在金山工业园区的酒店住了好几天。从东到西，从南到北，把一些有意思的地方跑了一圈，特意要在化工基地和工厂林立之外增加其他的印象。看了金山嘴渔村，看了枫泾古镇，看了生态农业园区，觉得金山转型是有好文章可以做的。

391—400：宝山建起了钢铁城市

391）18号线通车了，大年初一，从家门口坐18号线再换3号线，我与夫人到吴淞炮台湾和宝山城区搞了一次一日游。北边的宝山，与南边的金山一样，都是因为重化工业而做起来的城市。历史上人们一直想把吴淞做成上海的新城市，解放后在这里搞了宝钢，城市才真正做大了。当然，钢铁城市的转型是后话。

392）1977年，上海与冶金部合作向中央提议在上海宝山建设现代化的钢铁基地。1978年宝钢作为改革开放后上马的第一个国家重大工程正式开工，目标是1985年投产运营。时任上海市副市长陈锦华参与了宝钢的整个筹建过程，他说，上海南有金山，北有宝山，遥相呼应，为国家积累金银财宝。

陈锦华（1929—2016），出生于安徽青阳县。1946年至1949年5月在上海第一印染厂艺徒训练班学习。1949年参加革命工作。1977年至1983年任上海市副市长兼市计委主任。1983年至1990年任中国石油化工总公司总经理。1990年至1993年任国家经济体制改革委员会主任。1993年至1998年任国家计委主任。1998年至2003年任第九届全国政协副主席。

393）宝山钢铁基地是在激烈争论中做起来的。1979年中央提出要花三年时间调整国民经济结构。宝钢工程计划投资200亿，耗费巨大，有人建议下马，有人甚至说宝钢建设是上了外国资本家的当。面临尖锐的意见冲突，1979年时任中央财经领导小组组长的陈云亲自到上海调研，最后向中央提出的建议是宝钢只能搞好不能搞坏。

394）在宝钢建设问题上，时任宝钢工程首席顾问的同济大学校长李国豪院士发挥了战略科学家的作用。最初李国豪就认为，贸然下马使得已建好的100多亿设施被废弃，是更大的资金浪费。后来传出宝钢地下钢桩出现位移的消息，李国豪彻夜进行计算，研究后用自己的声誉说没有大问题，给国家决策提供了关键的科学支撑。

李国豪（1913—2005），广东梅县人。1936 年毕业于同济大学土木系。1938 年赴德国达姆斯塔特工业大学攻读桥梁工程和结构力学，1940 年获工学博士，1942 年获特许教博士。1946 年回国，历任同济大学教授、土木系主任、工学院院长、教务长、副校长、校长等。上海市工务局工程师、国务院科学发展规划委主任，1955 年当选为中国科学院首批学部委员，1994 年当选为中国工程院首批院士。

395）改革开放后宝山发展的新动力一部分来自建设吴淞邮轮港。吴淞炮台湾一带是解放前的大上海计划梦想建设的国际新商港，现在变换思路建成了国际邮轮港。邮轮港 2011 年正式运营，2020 年已经能够同时停靠 4 艘大型邮轮。皇家加勒比、嘉年华等邮轮公司纷纷抢滩上海，吴淞邮轮港成为亚太地区最为繁忙的国际邮轮母港。

396）上海邮轮港原来是在市中心的虹口北外滩，地铁 12 号线设有国际客运中心站。解放前，这里就是上海坐船与国外交往的客轮码头。陈延年、陈乔年等去法国勤工俭学从这里出发，爱因斯坦、泰戈尔、卓别林来上海从这里下船。由于 1990 年代建了杨浦大桥之后限制高度，超过 7 万吨的大型邮轮已经难以开进来了。

397）疫情前寒暑假我多次飞国外坐邮轮。对比之下，我觉得吴淞邮轮港可以在两个方面进一步做大。一个是要配套发展国内游轮航线，即从吴淞口出发上溯长江的中国内河游轮航线和深入长三角腹地的大运河游轮游线。这样吴淞邮轮港就有了在国际和国内之间切换提高可游玩性的意义，可以把宝山发展成为国内外游轮旅游的重要节点。

398）另一个是把高铁交通与邮轮旅游对接起来。坐邮轮到美国阿拉斯加首府安克里奇，印象深刻的是邮轮下来有极地火车接驳通向阿拉斯加内陆，公主邮轮公司在那里有海陆一体化的服务。高铁是中国的独特吸引力，如果吴淞邮轮港与高铁旅游联动，把长三角腹地许多旅游景观接通起来，可以进一步提高吴淞邮轮母港在国内外的吸引力。

399）宝山杨行正在规划建设高铁宝山站，作为沪渝蓉高铁的始发站和终到站。我想这绝对是对宝山发展有积极影响的下一个重要事件。一方面，这使有关吴淞邮轮港与高铁交通联系的畅想有了实现的可能；另一方面，宝山可以发展成为高铁网络中的上海北部枢纽，发挥上海对长江口北岸地区的溢出效应。

400）当年吴淞几次自主开埠是要利用黄浦江出海口的优势建设港城联动的新城市。未来宝山高铁站建成后，中间是高铁网络中的交通枢纽，东边是吴淞国际邮轮港，两者之间形成吴淞副中心城市；北边有央企宝钢，南边有上海大学，西边有历史古镇金罗店。把东南西北中这些特色资源优化整合，宝山作为上海北部门户城市可以有大作为。

5

浦东大开发（1978—2000）

浦东开发不是简单的空间拓展，而是上海城市功能的战略转变。1986 年是重要的思想转折点，此前主要考虑疏散浦西的工业和人口，此后强调要重振上海的金融、航运、贸易等国际功能。

401—410：上海发展的四个方向

401）1980 年代改革开放，一场上下互动的大讨论，引发了上海对城市发展和空间布局的大思考。得出的共识是，振兴上海必须跳出现有老市区的空间，另辟蹊径寻找突破。争论的问题是，对上海向何处发展和新的空间提出了四种不同的设想方案，概括为"西扩""北上""南下""东进"。1990 年代浦东开发开放是以上几种方案的比对结果。

402）"西扩"是指从中心城区向虹桥机场方向进行拓展，在旧城改造的同时扩大建成区。1980年代上海搞虹桥、漕河泾、闵行三个开发区就有这样的思考。其实旧上海的租界就是从外滩起源不断从东往西扩展的。对西扩方案的疑虑是，改造旧区投入的人力、物力、财力要比建设新区大得多，城市一味向西延伸有空间蔓延的问题。

403）"北上"是指以江湾地区为基础向北开发吴淞和宝山地区。主要的理由，一方面是要激活民国时期在江湾五角场一带建设新市区打下的基础，另一方面可以与1980年代以来宝山建设钢铁基地连成一体。也许是受到当年大上海都市计划的影响，同济大学的一些城市规划教授支持这一方案。

404）"南下"是指远离上海城区在金山一带的杭州湾北岸建设带状城市。这是上海出生的经济学家于光远提出的发展方案，强调上海发展要跳开老城区与金山石化基地联动发展。对于可能产生的环境问题，认为金山石化基地建设采用进口设备，并未造成严重的环境污染，因此不影响规划建设大城市。有人认为这样的看法是浪漫的。

405）"东进"是指跨越黄浦江大规模开发建设浦东。东进不仅仅是在黄浦江东侧的沿岸进行脱胎换骨的城市改建，更是要在离开上海市区较远的东海沿岸，从外高桥一路下来建设全新的滨海城市。但是当时世界银行派来的外国专家不赞成，认为浦东是空间"尽头"，往外是太平洋。

406）1979年上海开始研制新的城市总体规划，研制过程经历了以上思想的碰撞。1986年国务院对规划方案的批复意见具有包容性，指出要重点发展金山卫和吴淞南北两翼，加速若干新区的建设。批复也强调要注意有计划地建设和改造浦东地区，要尽快修建黄浦江大桥及隧道等工程，使浦东新区成为现代化新区。

407）现在回过头去研究上述几种方案，会觉得有几个前提性的问题需要搞清楚。第一个问题是与上海大都市相匹配的中心城市面积应该有多大。解放后上海的市域面积已经扩大到6000多平方公里，改革开放初的上海中心城区面积只有100平方公里左右，城市核心区太小，不足以支撑上海发展世界级的城市。

408）第二个问题是上海发展有没有把黄浦江文章做足了。国际上有大河在其中穿过的城市，大多数围绕大河两岸同时发展。改革开放前的上海城市发展是单边的，黄浦江西侧的浦西是城市，浦东基本上是农村，黄浦江的优势没有发挥出来。跨越黄浦江虽然有这样那样的难度，但是上海必须跨越这道关。

409）第三个问题是要区分中心城市的上海和行政区域的上海。解放后的上海城市主要是行政区的概念，不是建成区的概念。行政管辖区域很大，真正的建成区很小。如果不对两个不同空间进行区分，很容易顾此失彼：在做大外围空间的时候耽误了中心城市发展，或者做大中心城市却使得郊区城市成为大树底下不长草。

410）第三个问题在后来的上海2035城市总体规划中得到了较好的解决，开始在主城区之外强调市域都市圈的概念。主城区及其东南西北发展，由外环线内的中心城区加上周围的虹桥、宝山、闵行、川沙四个片区组成；市域都市圈及其东南西北方向，强调五个新城要建设独立的综合性节点城市以及有特色地发展金山和崇明。

411—420：浦东开发提升上海城市功能

411）我1970年下乡插队离开上海，10多年间上海城市的马路、建筑等面貌基本没有变。1986年研究生毕业回上海，正好看到了浦东的战略研究和上海的凤凰涅槃。最初我以为，浦东开发只是上海城市空间的增量扩张，只不过是跨越黄浦江从浦西到了浦东。后来认识到，这是上海城市功能定位和空间格局的双重转型，功能提升在其中具有根本性意义。

412）1986年是浦东开发战略思考的转折点，此前主要考虑疏散浦西的工业和人口，此后强调要重振上海的金融、贸易、航运等国际功能。曾任浦东新区区长的胡炜说，1986年《上海市总体规划方案》批复后，浦东开发的定位由单一功能的工业基地，转变为发展工业、商业、金融和服务业等多种功能。"这在浦东规划思想上是一个很大的飞跃。"

413）时任市长汪道涵是浦东开发的主要推手。汪道涵就读于上海的交通大学和光华大学（今华东师大）。从1981年担任市长开始，汪道涵就一直在思考开发浦东问题。他说："世界上著名大城市都是跨江发展的。上海也是这样，最早发展起来的是苏州河以南，后来跨过苏州河，苏州河北面迅速发展。当今再要发展，必须跨过黄浦江，向东发展。"

汪道涵（1915—2005），安徽嘉山（今明光）人。1932年考入上海交通大学机械系，1933年春加入中国共产党，1937年复考入光华大学数理系（今华东师范大学）。1952年任第一机械工业部副部长。1978年任对外经济联络部副部长。1980年起先后任上海市副市长、代市长、市长。1985年任上海市政府顾问。1991年任海峡两岸关系协会首任会长。

414）对汪道涵的浦东开发设想，最初回应者不多，甚至有这样那样的阻力。汪道涵是能够务实也能够务虚的教授型市长，不断与国内外专家学者交流看法，思考如何从国家战略和世界格局确定浦东发展的意义和定位。朱镕基说："开发浦东问题的提出，道涵同志是最大的积极分子。"

415）上海城市的优点，是学者、企业、市民乐意对大大小小问题建言献策。1983年，经济学家顾准的胞弟、上海社科院的陈敏之提出，应当考虑将浦东建设成为上海的政治中心，同时辅之以文化中心、教育中心、科技中心和信息中心。这个看法超越了将浦东视为浦西人口和工业转移空间的流行观念。

陈敏之（1920—2009），原名陈怀如，祖籍江苏苏州，出生于上海南市。青少年时期辍学，1934年至1935年先后在上海生活书店、上海商务印书馆印刷厂当练习生。1936年由顾准介绍加入中国共产党，开始革命生涯。1979年至1985年在上海社会科学院部门经济研究所任副所长和党委委员，其间主持课题《上海经济发展战略研究》，提出了上海发展的新看法。

416）美籍华人专家林同炎对浦东开发充满激情，应汪道涵之邀，担任了上海市政府开发浦东联合咨询研究小组外方组长。1986年，他向时任市长江泽民写了万言书，提出浦东开发要放眼世界，"我们要在二十年之内，把一个与上海中心相等的面积，建成一个现代化的财政工商科技枢纽"。

林同炎（1912—2003），出生于福建福州。1931年唐山交通大学毕业后前往美国加利福尼亚大学伯克利分校土木工程系读研究生，1933年获硕士学位后回国。1946年赴美在加利福尼亚大学伯克利分校任教。1967年当选美国国家工程院院士。1996年当选中国科学院外籍院士。1980年代担任浦东开发外方顾问。

417）1988年，时任市委书记江泽民在国际研讨会上指出，上海是世界闻名的都市，在20世纪30年代就已经成为亚洲最大的国际贸易中心和金融中心……解放三十多年来，我们重视了经济发展特别是工业的发展，由于种种历史原因，来不及相应地进行城市改造和建设，以致削弱了经济贸易中心的功能和对外对内枢纽的功能。这种状况当然不允许再延续下去。

418）浦东开发是邓小平期望的事情。1990年时任市委书记朱镕基向邓小平汇报浦东开发及其定位的设想，邓小平表示赞成，事后当面向时任中共中央总书记江泽民做了提议。1990年4月18日，国务院总理李鹏到上海宣布了国家关于开发开放上海浦东的重大决策，同意浦东实行某些经济特区的政策。

419）上海城市功能再定位的高光时刻是1992年，中共十四大明确提出上海要建设成为一个龙头三个中心的国际大都市，一个龙头是长江的龙头，三个中心是国际经济中心、国际金融中心、国际贸易中心。同年，上海发布浦东新区总体规划，提出浦东新区是上海建设国际经济中心城市的主要载体，要通过浦东开发促进上海城市功能的国际化进程。

420）1992年正式命名为浦东新区而不是浦东特区，上海有两个主要考虑。一是不搞特区搞新区，是不把浦东搞成脱离浦西的相对独立的经济体；二是不搞经济技术开发区搞功能开发区，是不单纯搞工业，而是要把浦东建设成为既有发达的金融贸易又有先进制造业的多功能的综合性新城市。

421—430：朱镕基的上海城市框架

421）1980年代是改革开放后的第一个十年，上海上下思变，东奔西突，试图重振雄风。汪道涵、江泽民、朱镕基三个教授型的领导人先后接力，在上海发展的方向性问题上发挥了领导作用。阅读《朱镕基上海讲话实录》(2013)，可以看到朱镕基头脑中的上海城市发展蓝图和框架。

《朱镕基上海讲话实录》，人民出版社2013年版。1987年12月至1991年4月，朱镕基先后担任中共上海市委副书记、市长，市委书记兼市长。该书选入了朱镕基在上海期间的部分讲话、谈话、信件、批语等106篇，照片8幅，批语及书信影印件9幅。所选文稿均根据音像资料、文字记录稿和手迹编辑而成，绝大部分为首次公开发表。

422）第一件事当然是浦东开发，朱镕基到上海后，面对上海发展四个方向的争论，支持浦东开发沿黄浦江展开。他说浦东实际上是老市区的延伸，开发浦东具有最好最优越的条件。它所花费的，主要在基础设施、越江工程，除此之外，费用比东进、西进也好，南下、北上也好，都要省得多，而且可以大大利用原来旧市区的商业。

423）谈到南下发展金山等方案，朱镕基认为这个设想不是没道理，但是终究比较远，交通难以解决，要把市中心这套网点、设施搬去是不行的。一个上海，搞了几十年，你想另搞一个上海代替它，不可能。朱镕基认为将来上海市的中心还是应该在现在的市区，但是要扩大到浦东，黄浦江两岸联动做成一个现代化的美丽城市。

424）朱镕基当时最头痛的事情是，浦西上海建成区的面积只有370平方公里，却集聚了1200万人，市区最高人口密度达到每平方公里6万人。因此关键问题是把人口疏散一些，把工厂搬走一些。当初浦东规划面积大约350平方公里（现在已扩大到1200平方公里），比浦西中心市区的面积大很多，可以在做大上海城市空间的同时建设最现代化的城市。

425）黄浦江是上海的母亲河，朱镕基曾经建议上海的音乐家应该写一首歌《我的家在黄浦江上》。朱镕基说，黄浦江最中心、最浪漫的地方是外滩，浦东开发相应的地方是陆家嘴，陆家嘴的规划建设是要与外滩相对的。朱镕基在地图上画了一条线，从陆家嘴经过花木地区一直到浦东机场，建议要再修一条快速交通干道。

426）第二件事是建设两条环线。朱镕基强调上海建设内环线一定要环到浦东去，如果快速高架环线到不了浦东，开发浦东就是一句空话。如果环线环到浦东，整个市中心就合成了一块。朱镕基相信内环线修成了，黄浦江上的大桥通车了，在浦东沿着内环线两侧盖大量住房，浦西的市民是肯搬过去居住的。

427）上海中心城区最早建成的两座黄浦江大桥即南浦大桥和杨浦大桥，是在江泽民和朱镕基手里启动的。当时对跨越黄浦江的通道有造隧道和造大桥两种方案，同济教授的技术分析是造隧道的成本比较低。但是朱镕基的考虑是战略性的，说造大桥的成本可能会多些，但是可以激励老百姓的士气，在国内外有正面影响。

428）朱镕基同时提出了建设外环线的设想，说上海没有两条环线，交通问题就解决不了。认为外环线的浦东段要尽量往海边靠，要沿着东海边修一条外环线。一头连着外高桥深水港，一头连接新的航空港，还设想在外高桥港口附近的地方建一个迪士尼乐园。总之，要按照现代第一流国际城市的要求建设浦东新区。

429）第三件事是建设外高桥码头。朱镕基曾经把当上海市长的烧心事情概括为三件，即菜篮子、交通特别是过江交通、住房。在交通项目上最关心的事情，除了两座大桥（南浦大桥和杨浦大桥）和一个环线（内环线），还有一个港口即外高桥港口。外高桥保税区成为浦东开发的四大重点区域之一，主要与外高桥建设新的港口有关。

430）朱镕基说，要在浦东外高桥先搞几个顺岸式的万吨级泊位，然后要搞挖入式的泊位，总共要建设40多个万吨级的泊位，相当于当时上海港的总泊位数。现在的港口码头都在黄浦江以内，等到外高桥的新港口建成以后，很多运输船就不用再进黄浦江了。那时候上海就可以从原来的河港城市转型升级成为有更大前景的海港城市。

431—440：陆家嘴建设 CBD

431）陆家嘴是上海城市再度多功能发展的第一个亮相者，目标是建设上海新一代的金融功能区和城市新中心。回过头去看，1980 年代花费时间大讨论太值得，由于把功能定位想清楚了，陆家嘴地区规划建设一出手就大气磅礴。进入1990 年代，从陆家嘴开始，上海城市固有的开放、包容、创新的品格以超越以往的气势回来了。

432）首先看创新，与浦西的外滩形成对照和呼应，陆家嘴是要建设新时代的金融城和 CBD（中央商务区）。开埠后公共租界在外滩搞出了上海最早的金融街和 CBD，解放后上海从消费性城市变为生产性城市不会考虑建设金融区和 CBD，现在搞陆家嘴是要在上海搞出 21 世纪水平的金融城和 CBD。

433）1990 年，朱镕基在浦东新区总体规划审议会上说，纽约、伦敦、巴黎等金融城市发展空间已经饱和，只能进行单栋建筑和局部建设，陆家嘴是 20 世纪末 21 世纪初可在大都市内大规模开发建设的唯一黄金宝地。"要用当今最新的规划理念和建筑技术来建设一个全新的陆家嘴。"

434）其实朱镕基最初听到陆家嘴土地紧张，心里是焦虑的。他对分管城市的倪天增等人说："这些情况你们以前知道不知道？以前不知道，你们糊涂。以前知道，你们把这个地方定位金融贸易区，就是叫我们去做城市改造动迁，这个成本不得了，天价！"后来还是决定金融贸易区放在陆家嘴，是因为投融资方面找到了创新之道。

435）然后看开放，陆家嘴中心区规划是国内第一个通过国际招标而诞生的空间规划。1992年，上海举行陆家嘴中心区规划国际咨询，推出了中、意、日、法、英五个国家机构的规划设计方案，外国四家中包括设计过巴黎蓬皮杜中心的英国建筑师R.罗杰斯。从陆家嘴规划方案开始，上海城市发展的重大规划和重大项目通过国际招标逐渐成为惯例。

R.罗杰斯（R. Rogers，1933—2021），英国建筑师。1933年出生于意大利佛罗伦萨。1962年毕业于美国耶鲁大学。曾任伦敦市长首席建筑和城市规划顾问。代表作有伦敦"千年穹顶"，与福斯特合作的香港汇丰银行，与意大利建筑师皮阿诺合作的巴黎蓬皮杜中心等。1992年作为五个竞选者之一参与了上海小陆家嘴地区的空间规划设计。

436）国内外一流专家对五个国际招标方案发表了意见，同济大学的城市规划前辈李德华教授也参加了研讨。1993年上海团队在五个参选方案基础上形成了优化方案，现在在北京的国家博物馆可以看到根据最终优化方案形成的有机玻璃模型。时任市长黄菊当年给邓小平看过这个优化方案模型，邓小平说了一声，好！"

437）再来看包容，当时在土地金贵的小陆家嘴地区，特地规划建设了占地 10 公顷的中心绿地。现在看到的小陆家嘴是一个微型的申字形结构，外边是陆家嘴环路，中间的十字是世纪大道和银城中路（原烂泥渡路）。由此分出四个象限，右下象限是现在大家熟悉的陆家嘴三件套，右上象限是中心绿地和陈桂春住宅等历史保护建筑。

438）在小陆家嘴搞大型中心绿地的设想来自法国和英国的规划方案。当时一个有影响的泰国企业家对主持浦东新区工作的赵启正说，陆家嘴的地价这么高，在中心位置搞绿地太可惜了。赵启正的回答是，从城市的功能考虑我们舍得这样做。后来小陆家嘴这块绿地被媒体称之为是世界上最昂贵的绿地。

赵启正，1940 年出生于北京，河北遵化人。1958 年考入中国科学技术大学近代物理系学习，毕业后在第二机械工业部第二研究设计院工作。1975 年进入航天部上海广播器材厂，历任车间副主任、设计科副科长、副厂长。1984 年任上海市工业工作委员会党委副书记。1992—1998 年为浦东新区管委会的首任负责人。1998—2005 年任国务院新闻办公室主任。

439）现在看陆家嘴规划会发现有遗憾。曾任陆家嘴开发公司总经理的王安德后来回忆说，发展速度太快导致四个方面不足，一是强调金融功能，生活性的东西少了；二是陆家嘴地块小，导致大楼都像铅笔一样往上长；三是交通问题；四是环保问题。王说假如今天再做，应该可以做得更好。

王安德，1950年出生，上海人。曾任上海市土地批租办副主任，上海市土地局土地有偿使用处处长，上海市政府浦东开发办政策研究室负责人。1990年任陆家嘴金融贸易区开发公司总经理。1993—2000年任浦东新区管委会副主任。2000年任浦东新区副区长。当年主持了陆家嘴地区的规划、建设与管理。

440）罗杰斯后来写《小小地球上的城市》（1998）一书，抱怨陆家嘴规划没有能够采用他的设想。有趣的是，许多当事人认为罗杰斯方案中那个直径约400米的大斗兽场式构想对现在的空间形态有很大影响，专业人士认为陆家嘴规划隐含的问题很大程度与罗杰斯方案强调对称性的空间形式有关联。

441—450：迈向21世纪的上海研究

441）进入1990年代，上海人开始关心上海城市发展的国际定位。1993年，时任市长黄菊和副市长徐匡迪组织了一次由几十所高校、科研机构和几百名研究者参与的战略研究，出版了研究报告《迈向 21 世纪的上海：1996—2010 年上海经济、社会发展战略》。这一研究成果为上海后来的发展奠定了思想基础。

《迈向 21 世纪的上海》，上海市《迈向 21 世纪的上海》课题领导小组编，上海人民出版社 1995 年出版。该书是上海继 1984 年《上海经济发展战略研究》后一次更大规模的经济社会发展战略研究。参加这项重大课题研究的有 36 个高等院校、科研机构和 600 多名研究人员。研究成果包括一份总报告、23 份分报告、21 份专题报告。

442）1992 年国家提出要把上海建成国际经济、金融、贸易中心之一，这是 1993 年上海开启大规模战略研究的背景和动力，研究成果在此基础上深入讨论了上海建设国际经济中心城市的战略目标以及相应的城市格局、行动领域和重大项目。其实在 1986 年中央审议上海城市规划的时候，时任副总理万里就说，只要我国对外开放政策不变，上海必将超过东京。

443）迈向 21 世纪的上海研究，催生了一批后来在国内外有影响的思想智囊。这项战略研究由时任市政府研究室主任蔡来兴主持，主要参与者中有现在声名在外的王沪宁、黄奇帆、王新奎、王战等。他们当时大多属于四十不惑之年，一些人后来从上海走向了北京和全国，到现在仍然很活跃。

蔡来兴，1942年生，浙江瑞安人。毕业于同济大学。1978年入职上海市计划委员会。历任经济研究所所长、计委副主任兼浦东开发办副主任、上海市委和市政府副秘书长兼研究室主任等。1995年赴香港任上海实业（集团）有限公司董事长。在政府工作期间主持了迈向21世纪的上海研究，在上海实业期间通过东滩项目推动了崇明规划建设世界级生态岛。

444）过去20多年来，这份报告一直是我研究上海城市发展的基础材料。我把它放在书架里伸手可及的位置，碰到有关问题就会在报告中寻找线索深入研读。事实上，今天有关上海发展的一些战略构想和重大项目，可以从这份报告中发现最初的思想萌芽和端倪，看到当时的思考是怎样的。

445）报告的核心思想是上海的发展目标是建设全球城市，赶超对象是纽约、伦敦和东京。报告指出国内所说的世界经济中心城市或国际大都市，在国际上就是世界城市或全球城市，内容包括金融、贸易、航运等方面。我那时研究世界创新长波和经济中心转移，觉得把国际大都市的概念与全球城市概念关联起来具有国际比较意义。

446）这份报告第一次提出要以航空港和深水港为重点，加快建设国际航空航运中心。这对于上海后来从三个中心发展成为四个中心发展有战略意义。报告指出，要在扩建虹桥机场的同时规划建设浦东国际机场，要在做好长江口航道整治和疏浚的同时在杭州湾寻找可以接纳大型集装箱货轮的深水航道。

447）这份报告第一次提出要建设新一代的中央商务区即CBD。报告指出金融业和跨国公司密集的中央商务区是国际经济中心城市的重要标志，也是上海建成国际金融、贸易、经济中心要着力建设的城市空间。浦东小陆家嘴建设就是要达到这样的意义和目标。从这份报告开始，从上海到国内许多城市出现了研究和建设CBD的热潮。

448）这份报告第一次以外环为边界划分了上海城市发展的中心和外围。解放后许多年上海城市中心发展局限在浦西中山环路内的几十平方公里，这份报告把中心城区的范围大幅度扩展了。提出外环内的上海中心城区占地660平方公里，规划人口800万，要建设有强大辐射力的中央商务区和若干个副中心。

449）这份报告第一次提出要在上海中心城市外围建设外环绿带。大城市要有环城绿带的设想源于伦敦，它对城市发展具有双重意义，一方面限制城市摊大饼式蔓延，另一方面大幅度增加城市绿色空间。上海中心城区发展绿色空间能力有限，外环绿带的概念使得上海城市发展扩大生态空间的想法有了发力点。

450）迈向21世纪的上海研究，把上海建设四个中心概括为建设全球城市，具有重要的国际化眼光，这对后来的发展具有两方面的重要影响。一方面，可以与世界上的标杆城市进行对照，用国际上的最高标准和最好水平推进上海发展。另一方面，可以探索上海建设全球城市的中国背景与特色，研究发展中国式的全球城市理论。

451—460：大写一个"申"字

451）1990 年开建的内环线申字形高架，对于上海城市形成核心区具有重要意义。我手机上保有一张原载于 1990 年 1 月 27 日新民晚报的漫画，标题是"大写一个申字"：一个戴着安全帽、提着油漆桶、拿着大刷子的上海工人，在画一个大写的"申"字，中间的十字是延安路高架和南北高架，闭合的圆圈是内环线高架。

452）从内环申字形高架，我会想到 1857 年奥斯曼规划建设巴黎中心城的故事。小巴黎面积 105 平方公里，与上海内环内的面积相仿。奥斯曼当年重建小巴黎，关键性的手笔就是建设东西南北交错的十字交通轴以及拆除原有城墙建设巴黎环路。其中的东西向交通轴就是香榭丽舍大街。

453）上海内环高架路，现在有"中国高架第一环"之称，是在浦西的地面中山环路基础上形成。原来的中山环路主要是在浦西，1991 年通车的南浦大桥和 1993 年通车的杨浦大桥建成后，发展成为沟通浦东与浦西的有闭合性的高架环路。当年邓小平来上海，兴致勃勃去看浦东的内环高架路，为南浦大桥和杨浦大桥题写了桥名。

454）最初上海浦西的城市空间，是由两个不规则圆形区域组成的葫芦形。现在把浦东的陆家嘴区域包进来，形成了新的心肝状空间形态。其中，老外滩、北外滩、小陆家嘴三者在一江一河Y形交汇处，构成上海城市核的黄金三角，最显魔都风貌。老外滩是19世纪的天际线，陆家嘴是20世纪末的天际线，北外滩正在打造21世纪新的天际线。

455）对于上海申字形结构中的十字形，当年的操盘者吴祥明回忆说，内环线四个车道，当时做设计的时候就觉得不够。但为什么不做六个车道？因为这是在解放前的中山环路基础上做，要一下子拓宽，财政能力不够。因此他建议在中间搞一个十字形的50米宽的路网做补充，这就是现在的延安路高架和南北高架。

吴祥明，1938年生，江苏吴县人。曾任上海市计委副主任，建委主任，市政府副秘书长，上海浦东国际机场建设指挥部总指挥兼总工程师，上海磁浮交通发展有限公司董事长兼总工程师，同济大学上海磁浮交通工程技术研究中心主任。操作实施了1990年代上海城市发展的多个重大项目。

456）延安高架路两段1996年通车。西连虹桥机场，东侧现在通过延安东路隧道与浦东大道相连。解放初，苏联专家曾经建议把福州路到延安路一线做成上海城市发展的中心轴线。改革开放后，分管城市发展的副市长倪天增提出应该把从虹桥到陆家嘴的延安路作为东西向发展轴。朱镕基曾经设想，世纪大道是浦东的延安路，要往东一路到花木，以后最好连接浦东机场。

倪天增（1937—1992），浙江宁波人。1962年清华大学建筑系毕业后在华东工业建筑设计院工作，先后任副总建筑师、副院长。1982年任上海市城市规划建筑管理局局长助理。1983年起任上海市副市长。在1980年代的上海城市规划和1990年代初的浦东开发开放中担任了重要的组织领导工作。

457）延安高架路有一段有趣的故事。最初往东的终端下匝道是外滩，开车到这里突然冒出一片浦江风光，晚上可以浏览对面陆家嘴的璀璨灯光，曾经有"亚洲第一弯"的美称。后来发现开车经过这里放慢车速导致交通堵塞，匝道建在这里也影响外滩整体景观。于是2008年配合举办上海2010世博会，拆除这个下匝道建了外滩隧道。

458）南北高架路1995年通车。北起老沪太路一路往北，南至中山南一路通过卢浦大桥一路往南。它的建成使得上海中心城市的南北向通道，从租界时期的西藏路向西移到了成都路。基于南北高架路的快速交通线，现在往北可以通到上海北翼的宝钢和长江口，往南可以通到上海南翼的奉贤和杭州湾。

459）修建南北高架路是改革开放后上海老城区最早的一场大动拆，涉及大约 10 万居民。动迁的老百姓从中心城区的卢湾、黄浦、静安、闸北等搬到了外环外的莘庄等地方。高架通车后，时任市长黄菊给动迁居民颁发了金钥匙纪念章，上面写着：向为成都路高架工程做出贡献的市民致以深深的敬意！

460）1990 年代上海在人口密集的中心城区建设申字形高架路是不得已而为之的事情。国际上后来的一些做法是，波士顿把市中心的高架路变成地下快速通道，首尔拆除清溪川高架路恢复了休闲河道。其实，我觉得当年外滩改道，交通功能从主要在地面改为主要在地下也有这样的意义。随着上海的发展，未来也许可以把高架路转换功能改成高线公园。

461—470：外环线与环城绿带

461）上海外环线的缘起是豪放的。1991 年时任市长朱镕基要求副秘书长吴祥明查一下国际上大城市的中心城区有多大。结果发现，国际大都市的核心区范围基本上有 500 多平方公里，而当时上海的中心城区范围只有 140 多平方公里。吴祥明觉得上海要做到这样大不可能，他向朱镕基汇报，没想到朱镕基指示："就按照这个规模做方案！"

462）第二天，吴祥明约了市规划局的人研究讨论并试着作图。西边一条线将虹桥机场划在外边，向南延伸到莘庄；然后由莘庄向东，以当时南汇与川沙的分界作为南面的边界；再按照500平方公里左右计算另外两条边界，确定东南角定在孙小桥，东北角定在外高桥。1993年编制外环规划，最后确定的上海市区面积是660平方公里。

463）后来在美国什洛莫的《城市星球》（2015）一书中，我看到在城市规模问题上有三种发展模式，第一种是洛杉矶的无限制扩张模式，第二种是伦敦的绝对限制模式，第三种是纽约的有边界有留白的发展模式。我同意作者认为纽约模式优于伦敦模式，即有限定有冗余地设定城市边界，更有利于城市可持续发展。

464）研究上海城市发展，我一直认为需要区分两个空间和两个竞争力，一个是中心城市的空间规模和竞争力，另一个是上海市域都市圈的空间范围和竞争力。上海建设国际大都市，中心城区面积达到660平方公里是需要的。如果中心城区没有足够大的发展空间，就无法承担和发展全球城市的相关功能，达不到应该有的能级。

465）上海建设外环线一方面有扩展中心城区的意义，另一方面有增加城市绿色的意义。1993年外环线道路规划完成后，针对上海城市绿色空间严重不足的问题，时任市长黄菊提出，要在外环线外侧规划建设宽度至少500米的大型绿化带，在防范城市空间过度扩张的同时，要做大上海城市的生态绿色空间。

466）当时上海农学院的教授在报纸上发表文章，他们对世界大城市人均绿地占有面积做了一次统计：悉尼70平方米，华盛顿40平方米，巴黎27.4平方米，广州7.9平方米，北京5.1平方米，上海只有1.1平方米，相当于一张报纸的大小。确实，与国内外的城市相比，上海城市在绿色空间发展上一直处于窘迫状态。

467）按照规划方案，外环线全长97公里，绿带宽500米，建成后的面积将近50平方公里。规划建设外环绿带是一声发令枪，从那以来上海城市绿色空间开始从小变大，到2000年人均公共绿地增加到了4.64平方米。有一段时间，上上下下高兴地说，上海人的人均绿色空间从一张报扩展到了一张床。

468）外环绿带的故事在进一步发展。有一次我到市里参加重大规划方案研讨，议题是到2035年要将原来功能单一的生态绿带版本升级发展成为规模更大、功能多样的环城生态公园带。面积将是原来的三倍，要沿环建设50个公园形成长藤结瓜的绿色空间，同时要增加吸引老百姓游憩的公共设施。

469）版本升级的背景，是过去20多年外环附近建了不少大型居住区，环城绿带建设要满足老百姓的多样化生活需求，要融入体育、文化等娱乐元素，建设贯通绿带的步行道、跑步道、自行车道和休息用的驿站。我一开始觉得这不是绿带建设的初衷，后来想到让生态功能具有生活性是上海可以有的创新，于是转变看法为这个想法叫好。

470）位于宝山的顾村公园是环城绿带上现在已建成的一个生态公园案例。顾村公园用地面积4.3平方公里，相当于两个南市老城厢那么大。顾村公园建成以来，已经成为周末和节假日上海老百姓本地微旅行的重要选项。在宝山工作的学生对我说，现在没有去过顾村公园就等于没有去过宝山。

471—480：深水港选址洋山岛

471）改革开放以来的上海发展，要说封神的项目是什么，我认为是洋山深水港。100年前孙中山在《建国方略》中提出的东方大港梦想，100年后在杭州湾口以出乎意料的方式搞成了。上海城市发展是从黄浦江边的十六铺码头起家的，但是黄浦江边的上海只是河港城市。在杭州湾口建立了深水港，上海才成为有长久竞争力的国际海港城市和国际航运中心。

472）1992年中央宣布上海建设一个龙头三个中心，其中没有国际航运中心。上海位于亚洲海岸线的中点和中国海岸线与长江的交汇点，上海向中央不断陈说建设深水港的枢纽作用和战略意义。1996年中央正式同意上海要建设国际航运中心，从那时起上海的定位从三个中心变成了四个中心，进入21世纪后又加了全球科创中心。

473）从1992年到1996年的四年间，上海花了很多时间进行深水港选址。开始的思路沿袭了以往，当时先后对长江口的罗泾和外高桥以及杭州湾的金山咀等建港方案进行论证，但都因航道水深不够、岸线不足等原因作罢。1995年跳出原来的框架考虑问题，突然在杭州湾口的大小洋山岛发现了建深水港的最佳位置。

474）当事人之一吴祥明后来谈到过深水港选址的一些情况。第一次先看上海范围的几个选址，码头和航道水深都不够；第二次去看了宁波北仑港，发现码头水深很好，但外港航道狭窄，且陆上交通不便；第三次决定再看远海嵊泗附近的几个选址，特意邀请嵊泗县副县长钟达一起考察。

475）吴祥明向钟达介绍了理想港址的条件：一是码头前沿和航道水深15米以上，满足国际集装箱班轮全天候进港条件；二是风浪较小，便于班轮靠泊和装卸；三是尽可能靠近陆地，便于集散运输。钟达想了一想说："大小洋山是长江口外的两串岛链，那里风浪较小，有可能符合你讲的条件。"

476）他们围绕大小洋山海域兜了一大圈，明显感觉风浪比外海小得多。回来后拿出海图研究，发现大小洋山是最靠近上海的深水区域，码头水深可达18米，且离南汇岸边只有30公里，绝大部分海床水深仅8米，有架桥的可能。经过现场勘察以及对海图的研究，确认在洋山地区有建设上海深水港的基本条件。

477）曾任国家发展和改革委员会副主任的张国宝在《筚路蓝缕》（2018）一书中谈到了高层的有关决策。当时交通部的方案是疏浚长江口，但上海觉得疏浚长江口不能满足建设一个全天候深水港的战略考虑。在各执己见的时候，上海向中央表态可以两种方案同时进行，并且愿意在进行深水港建设的同时出钱支持长江口整治工程。

《筚路蓝缕——世纪工程决策建设记述》，张国宝著，人民出版社2018年版。作者曾任国家计划委员会、国家发展计划委员会、国家发展个改革委员会副主任，参与了许多重大国家项目的制定和实施。该书中记录了不少与上海有关的故事，包括上海洋山深水港建设、上海外高桥船厂、上海长兴岛船厂、杭州湾跨海大桥等。

478）建设洋山深水港的意见终于得到了国务院批准。但是在洋山港建设深水港，需要建设长达30多公里的跨海大桥，为了不给中央增加困难，时任上海市委书记黄菊表态由上海承担建设跨海大桥费用。通常情况下，集装箱通过桥梁需要收费。上海再次做出决定，表示跨海大桥建成后可以不收过桥费，桥梁建设费用由综合效益偿还。

479）在区域关系上，上海与浙江之间谈好了双赢的方法。洋山岛的行政归属是浙江，上海在洋山搞深水港是租借关系，即土地所有权是浙江的，使用权是上海的，浙江对岛上行政以及周边海域有管理权。上海承诺外地船只进入洋山港，通过周边海域所产生的费用要交给浙江。

480）洋山港2002年开建，2005年投产，现在已经成为世界第一的集装箱港口。与此同时，上海在东海大桥的另一头规划建设南汇新城，形成了一港一桥一城的港城联动整体格局。参加政府有关会议讨论南汇新城发展，我觉得这里建设滨海海港城市，与上海主城区的关系，类似东京圈中的横滨新都心，可以打造多心发力的全球城市。

481—490：治理苏州河

481）朋友是苏州河城市更新项目北岸上海大厦到河南路一段的城市设计师，邀我到这里附近喝咖啡，看看她的作品，解读她的设计思路。我看着现在苏州河口与黄浦江交汇处美轮美奂的风景，想起20多年前担任亚洲开发银行苏州河治理项目的咨询专家，这里一片黑水、臭气熏天的情景。

482）苏州河水质是伴随开埠以来的工业化和城市化而恶化的。苏州河上游是旧上海三大工业区之一的沪西工业区。最初的时候苏州河水可以饮用，岸线上建有水厂和啤酒厂。水质严重污染始于1920年代，标志性事件是1928年闸北水厂因为水源污染被迫迁至黄浦江边，到1978年苏州河水已经全线黑臭。

483）苏州河污染曾经是上海城市很长时间的负面广告。当年参加亚行项目看到的调研材料说，苏州河边的住家到了热天不敢打开窗，苏州河沿岸的房子再好也置换不出去；苏州河边的工厂做生意难，出口产品受到国外抵制。老百姓有关苏州河的顺口溜是：五十年代淘米洗菜，六十年代洗衣灌溉，八十年代鱼虾绝代。

484）上海大厦曾经是外滩的制高点，解放后外事接待的经典项目是请外宾登顶上海大厦鸟瞰上海，周恩来每次陪外国首脑到上海都要来这里。苏州河严重污染后，登顶上海大厦的项目不得不取消。1973年周恩来陪法国总统蓬皮杜来上海最后一次登上上海大厦，送走客人后他对上海领导说环境问题要加强治理了。

485）苏州河污染当年人人看得见的标志是苏州河口与黄浦江交汇处黑黄分明的双夹水，黄浦江水是酱油汤，苏州河水是墨汁水。我手机里一直保存着这样的照片。改革开放后有一次，李鹏总理来上海看到这条界线，对时任市长徐匡迪说，你们现在打扮得漂亮，但还是一个乡下姑娘，耳朵后面有泥没有洗掉。

徐匡迪，1937年出生于浙江崇德。中国工程院院士。1959年北京钢铁学院毕业后留校任教。1963年调上海工作，1986年任上海工业大学常务副校长。1989年至1992年先后任上海市高教局局长、上海市计划委员会主任。1992年至1995年任上海市副市长，1995年至2001年任上海市市长。2002年至2010年任中国工程院院长。

486）亚行介入苏州河治理有一个小故事。有一个在亚行工作的美籍华人叫杨曹文梅，是上海人。1990年代她阔别几十年后回上海。特地住进上海大厦，想从房间里推窗看外滩，但是窗户锁住不能开，服务员说这是为了防止苏州河臭气。她产生了请亚行贷款资助上海治理苏州河的想法，四处进行游说，最后把亚行说动了，上海为此授予她"上海市荣誉市民"证书。

杨曹文梅，1926年出生于上海，上海圣约翰大学毕业。1946年赴美国哥伦比亚大学学习经济学和国际金融，1948年获硕士学位后定居纽约。1993—1999年担任美国驻亚洲开发银行大使和执行董事。曾任美国百人会董事，亚洲企业管理协会主席和太平洋退休金协会主席。曾被列入中国改革开放40年40人之一。

487）当时苏州河治理的目标，通俗的说法是两句话，即消灭黑臭，让鱼儿回来。苏州河治理一期工程始于1998年，到2000年的时候，黑臭情况基本消除，苏州河与黄浦江交汇处的三夹水没有了。后来的两期工程进一步把干流治理与支流治理、苏州河治理与黄浦江治理结合起来，鱼儿再次在苏州河中出现，鱼种也多了起来。

488）2009年上海电视台做《回到苏州河》节目采访我，我提到社会上对花大钱治理苏州河曾经是想不通的。有人开玩笑说不如把苏州河填掉算了，说古时候吴淞江成为虹江路是这样的例子。其实我们现在看到韩国首尔的清溪川曾经填河筑路，后来拆掉高架路恢复河道，对照起来会觉得上海治理苏州河没有走弯路。

489）2018 年以来苏州河治理第四期建设上了台阶，两岸步道贯通，沿线景观修整，苏州河沿岸开始成为老百姓流连忘返的休闲场所。苏州河治理是上海超大城市治理模式的重要探索，关键是政府主导多方合作一棒接着一棒干。我们发表过长篇论文讨论过这个问题，题目是《上海市苏州河环境综合治理中的合作参与研究》。

490）苏州河和黄浦江即一江一河的城市更新是从污染治理开始的，现在已经成为上海城市形象的一张靓丽名片。实际上，一江一河的工业锈带成为生活秀带是一场工业化到后工业化的倒 U 型大变革。工业时代建设生产性城市是将原初的生态空间开发成为生产空间，后工业时代建设人本性城市是将城市中心的生产空间更新再生成为生态和生活的空间。

491—500：上海发展哪里来的钱

491）1990 年代浦东开发，外人说中央给了上海许多钱。其实上海发展的钱主要是自己筹划的，是把企业家精神有创意地用到了城市发展。1990 年代整个十年，上海的基础设施投资约 3100 多亿，粗略说每天接近 1 个亿。其中，财政投入 620 亿，其他五分之四是来自社会资本。上海城市发展的企业家精神就是政府会用四两拨千斤。

492）1980 年代上海财政收入每年只有 130—150 亿，上交中央 80%。1990 年代浦东开发展开后，上海留用与上缴中央的比例，从原来的二八开调整到三七开，但仍然远远不够。黄菊对上海发展钱从哪里来的问题有过精彩概括，说是巧用上代人的钱、当代人的钱、下代人的钱。从康燕《解读上海》（2001）一书可以了解上海当时的相关情况。

《解读上海》，康燕著，上海人民出版社 2001 年版。1990 年到 2000 年的十年，对改革开放以来的上海城市发展具有奠基性作用。该书系统地记叙了 1990 年代的上海发展及其决策过程，内容覆盖城市发展中的经济、社会、环境各方面，重点是当时的交通、住房、环境三个三年行动计划及其实施。

493）巧用上代人的钱，是利用土地批租投资基础设施，用来进行新区建设和旧区改造。最开始的时候对此有思想上的困惑和冲突。当时身在北京的上海老领导陈丕显曾经带着一叠告状信南下调查，提出一连串疑问。一个月的调查结束后，陈丕显理解了上海的用心和创意，从此成为土地批租的支持者和宣传者。

494）巧用当代人的钱，是开辟新的城市建设融资渠道，包括从世界银行、亚洲开发银行等国际金融组织获得资助或贷款。1986 年得到中央 94 号文件首肯，1987 年上海市政府成立久事公司作为总账房（久事公司命名就是取之 94 号文件），开创了城市基础设施建设利用外资的新格局，探索以市场化手段融资和还款。这在国内当时是绝无仅有的。

495）我担任咨询专家的苏州河治理项目，得到了亚洲开发银行的贷款资助和与此配套的技术性援助。1999 年开始的苏州河治理项目，前后三期工程资金合计约 140 多亿，一期投资 86.5 亿，其中亚行贷款 24 亿。其他如上海建设老港垃圾场，得到了世界银行的资金资助和相应的技术援助。

496）巧用下代人的钱，是采用 BOT 等 PPP 方式建设城市基础设施。BOT 是政府把有公益性的建设项目进行招标，企业获得授权进行建设和运营，企业获得盈利并且授权期满后无条件将项目转让给政府。上海的内环申字形高架，跨越黄浦江的延安东路隧道、南浦大桥、杨浦大桥等均是采用 TOT 和 BOT 的方式建起来的。

497）我对 PPP 有研究兴趣，就是从研究上海 1990 年代城市建设钱从哪里来开始的。后来指导博士研究生围绕城市基础设施和公共服务中的 PPP 和合作治理写了一系列论文。有学者按照地方政府有没有财力和国有企业有没有能力两个维度，指出运用 PPP 有四种情况，我觉得可以用来说明 PPP 在上海城市发展中的作用和演进。

498）1990 年代浦东开发伊始，政府特别缺钱，上海国企也缺少能力。当时重点引入外部企业用 PPP 解决城市发展中的交通问题。典型项目如 1994 年引入中信泰富从上海城投手中接盘运营南浦大桥、杨浦大桥，1997年引入香港上市的上海实业接盘搞延安高架路和内环高架路。当时PPP的形式主要是消费者支付的TOT。

499）2000年以后上海治理城市环境问题，政府财力相对充裕了，但是国有企业专业能力还不适应，于是探索用PPP的方式提高城市环境治理能力。典型项目如2000年民营企业友联综合体接手竹园污水处理厂经营权，2005年中信泰富与威立雅联合接手老港垃圾场。当时PPP的形式主要是政府支付的PFI。

500）政府财力和国有企业能力大幅度提高后，上海现在在基础设施和环境治理方面已经不再搞大规模的PPP项目。但是PPP有关公私合作的精神实质，已经更广泛地融入了上海发展的各种微观领域，特别是在社会建设和公共服务方面出现了基于PPP理念和文化的草根创新，例如近年来的发展共享单车和社区加装电梯等。

国际大都市（2000—2020）

现代化国际大都市的概念超越了传统的经济型全球城市的概念，可以在多向度和更全面发展的意义上提升上海城市的国际竞争力。我觉得，上海建设面向 21 世纪的现代化国际大都市，需要在国际、区域、市域三个维度进行创新探索。

501—510：现代化国际大都市的三个维度

501）进入 21 世纪，上海编制完成 1999—2020 年城市总体规划，提出发展目标是建设四个中心的社会主义现代化国际大都市。很长一段时间，政策面的研究关注四个中心比较多，关注现代化国际大都市比较少。我觉得，后者超越了传统的经济型全球城市的概念，可以在多向度和更全面发展的意义上提升上海城市的国际竞争力。

502）英国 K. 布朗在他的《上海2020——西方学者观照中的上海与中国》一书中说，研究上海这样的国际大都市，概念性框架很重要。1990年代末我开始担任市里的决策咨询专家，觉得可以将城市功能与空间布局结合起来建立分析框架，认为上海建设21世纪的现代化国际大都市，需要在国际、区域、市域三个维度进行创新探索。

《上海2020——西方学者观照中的上海与中国》，K. 布朗（K. Brown）著，外文出版社2013年版。作者是澳大利亚悉尼大学中国研究中心执行主任。作者认为上海是世界看中国、中国看世界的窗口，也是东方遇见西方、认知自我的地方。该书从外国观察者的视角评述了上海这个城市面向2020的愿景和发展。

503）讨论上海城市发展，我讲话发言常常是"现在在哪里、要到哪里去、如何去那里"的三部曲。有一次在市科协开会，科协领导总结时说，他喜欢听诸教授的发言，说我总是先说上海的现状和问题是什么，然后说国外相关城市怎么做和可借鉴的经验是什么，然后提出上海可以怎么做的建议。

504）第一个是国际维度。上海建设现代化国际大都市中的"国际"，出发点是要建设五个中心的全球城市。通常，全球城市是金融业和生产性服务业集聚的城市，空间标志是纽约华尔街和伦敦金融城这样的中央商务区。1990年浦东开发开放，上海出手就抓陆家嘴金融区，就是要在这方面提升城市能级和国际竞争力。

505）但是上海建设全球城市具有自己的独特性。一方面，与传统上全球城市强调金融等生产性服务业和单中心的空间集聚不同，上海建设全球城市需要包括制造业。上海开埠以来就有强烈的工业遗存，解放后得到强化。建设有上海基因和中国背景的全球城市，需要将制造业和服务业整合起来，谋划全球城市的多种功能和多中心空间。

506）另一方面，传统的全球城市强调金融、贸易、航运功能比较多，上海建设全球城市还要强调科技创新和文化创意的功能。1990年代上海提出建设四个中心，进入21世纪后加入全球科创中心第五个中心的发展目标，就是要以张江等科技园区为载体加强上海自己的创新创意功能，以此赋能制造业和服务业。

507）第二个是区域维度。上海建设现代化国际大都市中的"大都市"，是要把上海发展放在更大的城市群和都市圈范围考虑问题。有好几年，我花工夫研究城市群的理论与世界五大城市群的资料。在哈佛访学的时候专门从波士顿坐美铁体验波士华城市群的铁路交通。到东京专门跑到市政厅收集东京都和东京城市群的最新资料。

508）发展上海的中心—外围关系需要兼顾两个空间。一个是上海市域内的嘉定、青浦、松江、南汇、金山、崇明等，应该通过发展市域铁路形成上海的市域都市圈。另一个是与上海有频繁交往的苏浙近沪城市，包括江苏的苏州、无锡、常州和南通，浙江的嘉兴、湖州、宁波和舟山等，应该通过发展城际铁路形成上海大都市圈。

509）第三个是市域维度。上海建设现代化国际大都市中的"现代化"，是要在市域范围推进可持续发展导向的中国式现代化。上海的城市发展需要两个发展半球相匹配，一个发展半球是全球城市的经济竞争力，另一个发展半球是现代化城市的可持续发展竞争力。经济竞争力如果得不到可持续发展竞争力支撑，就不是现代化意义上的全球城市。

510）上海建设现代化国际大都市，特别需要讲好生态文明和可持续城市化的故事。城市可持续发展的关键是生态、生产、生活的三生协调，在空间上就是生态环境系统包含社会经济系统的甜甜圈结构。对此我有一个先摸麻将后换麻将的"打麻将理论"，强调上海城市空间的现代化有一个先增量扩展后存量优化的过程。

511—520：张江与全球科创中心

511）张江科学城是上海建设全球科创中心城市的核心空间。张江的道路，东西向的用中国科学家的名字命名，南北向的用国外科学家的名字命名。每年上海市政府与国家科技部在张江举行以科技创新为主题的浦江论坛，我差不多每次都会去参加，有一年主持过一次有关城市发展与创新的讨论。

512）张江园区成立于 1992 年，当年是中国唯一用高科技园区命名的开发区。中芯国际一位高管回忆说，当年他们到上海考察，上海市市长徐匡迪当即拍板去张江选地，对他们说想要哪块土地都可以。中芯国际等企业落户张江，带来了集成电路产业在上海的崛起，2021 年上海该产业产值占了中国的四分之一。

513）中芯国际在上海的发展与已故战略科学家江上舟有关。1999 年时任上海经委副主任的江上舟，看到芯片成为我国第一大进口产品，超过了能源和粮食，向市委书记黄菊建言，在浦东规划面积 22 平方公里，建设 3 倍于台湾新竹工业园区的张江微电子开发区。后来亲自赴台湾招揽人才，把芯片大佬张汝京引来了上海。

江上舟（1947—2011），祖籍福建龙岩。1965 年考入清华大学无线电系，1970 年毕业。1979 年赴瑞士苏黎世高等理工学院学习，1987 年获博士学位后回国。1991 年起先后任海南省三亚市人民政府副市长、洋浦经济开发区管理局局长。1997年起先后任上海市经济委员会副主任、常务副主任。2001 年任上海市人民政府副秘书长。2009 年起任中芯国际董事长。

514）有相当长的一段时间，张江高科技园区给人的感觉是生产功能强、研发功能弱。10 多年前，我孩子大学毕业在张江找的第一份工作，是一家有名气的台资集成电路企业。这家台资企业在张江园区占了很大一片地，有自己的单身职工宿舍，但是生产性的任务是主导。小青年有时间可以折腾，我孩子干了一个多月，就跳槽离开了。

515）2014年国家领导人提出上海要建设全球科创中心，上海大都市的发展愿景从四个中心拓展为五个中心。张江大幅度强化原始创新功能，志在成为中国药、中国芯、中国AI的创新高地。现在仅在生物医药领域，全球排名前10位的制药公司已有8家在张江建立了研发中心，全国每3个新药上市，当中就有1个来自张江。

516）这几年我明显感觉到，在国内外企业研发中心聚焦张江的同时，高等院校科研机构的集中度也在张江急剧增加。同济牵头在张江建立了上海自主智能无人系统科学中心。以前到张江讲课或开会，讨论的话题主要是招商引资和营商环境，现在越来越多讨论SDGs、循环经济、气候变化、低碳经济等有引领性的东西。

517）张江早期开发的另外一个问题是空间功能单一，缺少创新城区和创意阶级需要的生活配套和文化娱乐。以往去张江，马路空空荡荡看不到人。张江男经常抱怨这里的生活便利性差、生活成本高。有一段时间，我开玩笑说，张江高科的地铁站是上班时十几万人冒出来，下班时十几万人钻进去，晚上是黑洞洞一片没有什么人气。

518）2017年张江开始了第二次空间创新，要把功能单一的高科技园区升级发展成为功能混合的科学城。上海2035总体规划对张江的最新定位，是建设外环线内宜居宜业的城市副中心，规划面积从最早的17平方公里扩大到未来的220平方公里，要加强居住、休闲、出行等配套建设，提高对创新创意阶层的吸引力。

519）最近几年来，张江的自主创新成果在不断冒出来。例如，2015年由位于张江的中国商飞上海飞机设计研究院研制的商用干线飞机C919正式下线；同年由中国商飞公司研究制造的拥有知识产权的喷气式支线飞机ARJ21在上海起飞。这样的成果与张江建设全球科技城的目标是相适应和匹配的。

520）从张江发展版本升级，我看到的是上海建设创新性城市的思想深化。以前建设生产性功能主导的开发区，指导思想是先生产后生活，走的是People follow business的老模式。现在建设以原始创新为目标的科学城，指导思想是用好的城市环境吸引人才，由此吸引创新性企业，要走出Business follow people的新模式。

521—530：环同济知识经济圈

521）我喜欢说创新城市是好玩的城市。同济大学大门对面的联合广场总是人来人往，这里的咖啡店、甜品店、小吃店和餐馆，是不同背景的人群碰面、思想碰撞出创意的地方。我们有外边人来访、不同学科的人谈合作、与研究生谈论文，喜欢到这里来。这里被认为是环同济知识经济圈中有人气和吸引力的公共社区。

522）环同济知识经济圈，是在同济大学周围长出来的一块特殊的城市空间。以同济大学四平路校区为核心，大学校区、公共社区和企业园区之间有频繁的互动，形成了三区联动的城市创新空间，其影响从上海扩展到了国内外。后来得到国家科技部的欣赏，被举荐为是一种可以推广和复制的中国城市创新模式。

523）环同济圈的形成来自同济大学的知识外溢。同济大学的土木、建筑规划、环境、工程管理等学科，在国内外有较高的专业地位和社会影响。1980 年代以来，这些专业的教授和研究生在校园外围租房子投项目，逐渐发展出了创意设计、工程咨询、环保科技等一些与同济大学有关的特色产业。

524）2002 年，媒体报道了同济周边发生的知识经济现象，地方政府开始推波助澜，希望借此促进城市转型。2005 年，同济大学时任校长万钢和杨浦区时任区委书记陈安杰的一次茶叙，沟通了双方的想法。2007 年，同济大学值百年校庆之际与杨浦区正式签订合作协议，"环同济知识经济圈"的名字开始问世，进入了主动推进的发展阶段。

万钢，1952 年生，上海人。1975—1978 年在东北林业大学学习。1979—1981 年为同济大学硕士研究生，毕业后留校任教。1985—1991 年为德国克劳斯塔尔工业大学博士研究生。

1991—2001年在德国奥迪汽车公司任职。2001—2004年在同济大学任教。2004—2007年任同济大学校长。2007年起先后任科学技术部部长、中国科学技术协会主席等。

525）目前，环同济知识经济圈已经发展成为有相当规模的城市经济综合体，产值从2002年的10亿和2007年的80亿，发展到2020年超过了500亿，未来预期可以再度翻番达到1000亿。我认识的教授中有多人在这里开公司，我也被邀请参加过他们的一些规划咨询和工程咨询项目。搞规划设计的人常常叫环同济圈是上海的"规谷"。

526）研究城市，我关注大学在城市转型发展中的作用。2002年看到同济周边有一批教授和研究生在办创意产业，觉得这是发生在身边的重要现象。随即指导博士生实地访谈、收集数据，写了有关环同济知识经济圈的研究报告，对他们的发生发展提出理论解释和政策建议，有关看法得到了政府的关注。

527）2003年陈安杰书记找我进行讨论。我说，杨浦区的三区联动和城市转型是三个百年的系统转型。百年工业，要从传统的制造业转型为服务化制造业；百年大学，要从传统的研究型大学转型为与社会互动的创业型大学；百年市政，要从传统的工业城区的基础设施转向有利于创意创业创新的城市空间场景。

528）有一年，时任市委书记韩正来同济开科技创新座谈会。我发言说，张江高科技园和环同济知识经济圈是上海两种不同类型的城市创新空间。前者是自上而下的政府推动，后者是自下而上的知识溢出。上海建设创新城市，一方面要发展张江这样的大规模的集式的科学城，另一方面要围绕大学发展环同济知识经济圈这样的面小量广的分布式的创新街区。

529）研究创新城市，读到美国学者两个有趣的理论。埃兹科维茨的三螺旋理论，认为城市创新空间的形成需要政府、大学、产业三个主体的螺旋式互动，如旧金山与斯坦福大学有关的硅谷和波士顿与 MIT 有关的 128 公路。佛罗里达的 3T 理论，认为创新城市需要 Technology，Talent，Tolerance 三个要素，相互之间具有因果关系。

530）我觉得，可以用环同济知识经济圈的例子讲述创新城市的中国故事。创新城市建设的关键在于用创新空间为创意人才提供包容性的场景和各种各样的城市舒适物，这是环同济圈形成的道理。后来看到香港瑞安公司 CEO 罗康瑞主动运用学术界的研究成果，在大学云集的上海江湾五角场城市副中心规划建设了创智天地新空间。

罗康瑞，1948 年生于香港，祖籍广东普宁。现任瑞安集团主席和香港贸易发展局主席。1969 年毕业于澳大利亚新南威尔斯大学。1969 年返港后，先在其家族鹰君集团公司工作，后创办香港瑞安建筑公司。1980 年代后在上海投资兴建新天地、创智天地等大型项目。2017年获中华人民共和国香港特别行政区大紫荆勋章。

531—540：虹桥综合交通枢纽的由来

531）进入21世纪，上海在做大做强中心城的同时，也在外环线外进行重大项目布局，建设集航空、国铁、城铁、地铁为一体的虹桥综合交通枢纽是其例。我们学院的办公大楼在地铁10号线同济大学站的上面，虹桥枢纽建成后国内出差或者出国飞东南亚城市，拿起行李下楼就可以坐地铁直达虹桥枢纽，然后换乘高铁或飞机。

532）将机场和高铁融合起来发展是个好主意，这样的结果是上海争取出来的。最初建设京沪高铁，高铁上海站的选址不是在虹桥，后来上海向上进行建设性努力，才有了现在的虹桥综合交通枢纽。有一次在市里开专家咨询会议，吃工作餐时听杨雄市长讲过来龙去脉的故事。后来在原规划局长毛佳樑的《为建广厦千万间》（2019）一书中读到了详细过程。

《为建广厦千万间》，毛佳樑著，2019年内部出版。作者于1995年到2008年间先后担任上海市住宅发展局局长和上海市城市规划管理局局长，经历了上海城市发展与住房建设的重大过程。本书谈到了上海城市发展一些重大项目是怎样决策和实施的，包括虹桥综合交通枢纽、黄浦江两岸综合开发、小陆家嘴上海中心中国第一高楼、世博会园区建设等。

533）2004年，国务院批准全国铁路中长期发展计划，要求加快京沪高铁建设进程。当时，铁道部已经决定将上海的七宝铁路货运站改建成为京沪高铁上海终到站，以此为基础进行了规划设计国际方案征集。按照原来的方案，七宝是未来的上海高铁站，虹桥是原有的上海机场，两者一南一北，在空间上是分离的。

534）上海市领导在实地踏勘以后对七宝方案表示了担忧。因为七宝铁路货运站旁边已经建成大型住宅社区，可用土地资源紧缺，周边道路交通条件影响集散，对今后发展有诸多约束。2004年在七宝高铁站的规划方案讨论中，不少专家提出异议，希望对上海高铁站的选址有多方案的比选。

535）凑巧，2003年民航总局和上海市合作开展上海航空枢纽发展战略研究，提出了上海一市两场、有主有辅的设想，即浦东机场为主，虹桥机场为辅，前者主要承担国际航班，后者主要承担国内航班。这个方案得到了国家批准。按照这个方案，改建虹桥机场可以腾出大约七八平方公里土地。

536）2004年时任副市长杨雄带队赴铁道部开会，回来路上有人建议上海高铁站选址可以与虹桥机场改建结合起来进行。杨雄觉得这个设想有创意，第二天就让规划部门去虹桥机场踏勘，结果证明将空港与高铁结合起来的设想是可行的。经过上上下下努力，在虹桥建设高铁上海站的想法最后得到了铁道部的认可。

杨雄（1953—2021），浙江杭州人。1985年毕业于中国社会科学院研究生院，获经济学硕士学位。2003—2008年任上海市副市长，2008—2012年任上海市常务副市长，2012—2017年任上海市代市长、市长。2017年起先后任全国人大财经委员会副主任和全国政协外事委员会副主任。在上海城市发展中做了大量组织领导工作。

537）2006年，上海编制完成虹桥综合交通枢纽结构规划方案，规划范围占地26平方公里，其中航空港、高速铁、城际铁、市域轨道等综合交通用地占了一半以上。2009年虹桥枢纽建成，成为世界上迄今为止最大的综合交通枢纽，2010年在上海举办世博会的时候立马显示了便利性。

538）2007年，时任市长韩正说，要从更大空间范围和更高发展视野规划建设虹桥枢纽。2008年，这里扩大范围成为占地86平方公里的上海虹桥商务区。再后来的故事是，2019年，进一步扩大成为占地151.4平方公里的虹桥国际中央商务区，要实现大交通、大会展、大商务三大功能。

539）虹桥建设综合交通枢纽，直接好处是给长三角江浙城市的出行和出国带来了便利。现在从苏州坐高铁到虹桥，不到半个小时就到了。苏州朋友曾经抱怨上海把浦东国际机场建在海边，现在上海正在加快建设虹桥机场与浦东机场之间的机场联络线，完成后可以实现快速换乘，为长三角人出国提供更为方便的空铁联系。

540）虹桥枢纽位于上海外环线以外，许多上海人觉得有点远，现在看起来这是上海城市发展从黄浦江边的上海真正成为长三角区域中的上海的关键一跃和先手棋。100 年前建设虹桥机场，1940 年代大上海都市计划提出新虹桥梦想城，1980 年代建设虹桥开发区，进入 21 世纪建设虹桥综合交通枢纽和国际中央商务区，虹桥这地方是注定要做大的。

541—550：世博会及其战略遗产

541）21 世纪第一个 20 年，对上海城市发展具有最大影响的事件是 2010 世博会。汪道涵是 1990 年代浦东开发开放的倡导者，也是 2010 上海世博会的主要推动者。汪道涵说过一句话："世博会是战略性的，要管 50 年。"世博会举办十多年后，我个人觉得世博有两大战略遗产已经产生影响，一是可持续发展的思想遗产，二是黄浦江岸线更新的物质遗产。

542）可持续发展作为世博的思想遗产，是因为上海世博会的主题"城市，让生活更美好"与联合国倡导的可持续发展观念直接关联了起来。上海把城市作为主题申报世博会是有挑战的，关键问题是如何让世博主题有展示性和共享性。2005 年我在哈佛访学的时候，美国时间半夜接到世博局电话，说领导希望我对主题解读提供建议。

543）我研究可持续发展，在不同阶段参与了世博主题研讨。2003 年承担世博研究课题，我用人类发展与生态足迹形成的两个半球理论解读"城市，让生活更美好"的主题。2005 年被邀请到日本爱知世博会论坛作了上海世博与城市可持续发展的主旨发言。2010 年接受研究任务，建议世博闭幕会的论坛主题可以考虑城市创新与可持续发展。

544）参加《上海宣言》起草方案讨论，我以 1974 年斯波坎世博会首次举行世界环境日活动为例，建议将上海世博会闭幕日设为世界城市日。这个建议被接受，写入《上海宣言》在闭幕式上通过。后来经过国家层面的努力，2013 年得到联合国正式批准。现在每年的 10 月 31 日世界城市日已经成为全世界的城市可持续发展活动日。

545）世博会闭幕后，2010 年 12 月我有幸作为两个专家之一，到中南海为中央政治局集中学习讲解从上海世博会看世界发展新趋势新理念，我们从可持续发展的四个支柱，即创新、绿色、包容、治理四个方面，总结提炼世博会的案例和理念，对深化研究中国科学发展观和推进中国高质量发展提出了建议。

546）黄浦江岸线作为世博的物质遗产，是因为上海世博会推动了以黄浦江为轴线的城市更新。100 多年前的 1910 年，上海医生陆士谔写小说《新中国》，梦想上海举办世博会带动黄浦江两岸的城市发展。100 年后的今天，陆士谔的梦想变成了现实。世博会选址黄浦江两岸，使得上海城市发展真正从苏州河时代进入了黄浦江时代。

陆士谔（1878—1944），江苏青浦（今上海市）人。早年跟随清代名医唐纯斋学医，后来在沪行医（曾获得上海十大名医的称号），一边行医一边写小说，一生创作了百余部小说。其中，以《新上海》与《新中国》最著名。《新中国》是一部以梦为载体的幻想之作。书中写道："万国博览会"在上海浦东举行，为此在上海滩建成了浦东大铁桥、越江隧道和地铁。

547）1999 年申办世博时提出过花木、黄楼、松江、崇明等选址方案，后来进一步缩小到外高桥和张江。2000 年在同济举行国际性的世博选址方案竞赛活动，大学生提出了在黄浦江边办世博的建议。这个建议符合国际展览局用世博带动城市更新的雄心。2001 年最后敲定世博选址在南浦大桥—卢浦大桥之间的黄浦江两岸。

548）世博会对上海城市发展的现实意义，一是世博项目建设打造了可持续发展城市的示范区。最大亮点是半淞园一带原来污染严重的旧沪南工业区改造成了展示世界可持续发展案例的最佳实践区，同济大学教授唐子来是这个项目的总策划师。国际展览局秘书长洛塞泰斯说："城市最佳实践区是 2010 上海世博会的灵魂。"

唐子来，1957年出生于上海。同济大学建筑与城市规划学院教授。1978年考入同济大学建筑与城市规划专业，毕业后留校任教在职攻读研究生，师从金经昌教授。后去英国利物浦大学读博士，毕业后去新加坡工作。1996年回国在同济大学任教，曾任城市规划系系主任。2001年加入上海申博团队，2006年任世博会城市最佳实践区总策划师。

549）二是世博后的上海发展开始以黄浦江为主轴打造世界级的滨水大都市。黄浦江原来是上海城区的东部边界，现在真正变成了上海城市的中轴线，东西两岸开始缝合发展。浦东开发始于陆家嘴，现在向南延伸形成了浦东沿江发展带；与此同时，浦西陆家浜以南地区的城市更新，带动了浦西的工业绣带开始向生活秀带进行转化。

550）可持续发展给黄浦江岸线更新提供思想指引，黄浦江岸线更新给可持续发展提供最佳实践。两个战略遗产相辅相成不断放大。现在每年世界城市日上海都要举办城市可持续发展的国际活动，标志性的事情包括发布城市可持续发展上海手册，研制城市可持续发展上海指数，未来还要与联合国人居署合作设立城市可持续发展上海奖。

551—560：黄浦江两岸城市更新

551）黄浦江两岸的城市更新，坊间的说法是工业锈带变成了生活秀带。我的说法是上海从工业时代的不好玩的城市开始进入后工业时代的好玩的城市。工业城市是生产性城市，发展工业园区是主导，有用但是不好玩；后工业城市是消费性城市，发展城市舒适物（amenities）是主导，有用的同时要好玩。上海的一江一河城市更新是要建设好玩的城市。

552）2017年黄浦江两岸45公里岸线一贯通，我就与家人一起，兴致勃勃从杨浦大桥内侧的杨浦滨江一路走到外白渡桥的北外滩。小时候逛黄浦江边老外滩，只有短短一公里长，当中有好多地方还被码头隔断。现在黄浦江中心城区段岸线贯通，能够去的地方变长了变多了，这样的感觉是在黄浦江边长大的上海人从来没有过的。

553）2022年疫情不能出上海，春节期间我连着几天坐地铁，把平时难得去的黄浦江岸线上的吴淞炮台湾、复兴岛、前滩等地方好好看了一看。复兴岛是黄浦江上绝无仅有的封闭式内陆岛，这里有当年上海航道疏浚局的故事，是黄浦江岸线开发的战略性预留项目，上面有蒋介石1949年逃到台湾前待过的白庐别墅。

554）1843年开埠后，上海进入工业化主导的苏州河时代。苏州河上造了许多桥，两岸建设了许多工厂与仓库。1990年代浦东开发以来，上海进入后工业化主导的黄浦江时代。也是先在黄浦江上造大桥，然后沿两岸进行发展。我觉得，上海真正的后工业化转型是从世博会开始凸显的，空间标志就是黄浦江岸线从工业锈带更新再生成为生活秀带。

555）从 2002 年获得世博会举办权，上海就做出了黄浦江两岸综合开发的战略决策。黄浦江岸线，原来布满了码头、工厂和仓库，上游有沪南工业区，下游有沪东工业区。现在要更新改造将岸线打通，将原来的生产空间转换成为老百姓可以自由进出的公共空间。这是解放前的大上海都市计划曾经希望的，但却是不敢想象的。

556）2003 年上海编制完成《黄浦江两岸地区总体规划（中心城）》。规划范围从吴淞口到徐浦大桥，河道总长 41.8 公里。空间上分为三段：五洲大道到卢浦大桥是中心段，河道长度约 20 公里；卢浦大桥往南到徐浦大桥是南延伸段，河道长 8.5 公里；五洲大道往北到吴淞口为北延伸段，河道长 13.3 公里。

557）世博会倡导的可持续发展理念，强调城市发展要平衡经济、社会、生态三重效益。黄浦江两岸综合开发，强调要把黄浦江滨水岸线从原来单一的生产功能变成生态、生活、生产三生协调的复合功能，要把城市中最好的空间和资源服务于城市中的老百姓，要把"城市，让生活更美好"的世博主题从口号变为现实。

558）参加有关黄浦江岸线开发更新的研讨，我发表过两个方面的意见。一是黄浦江岸线要展现上海城市空间变迁的轨迹。老城厢与十六铺是上海城市的起源和江南文化的记录，北外滩和杨浦滨江与海派文化有关联，浦东的陆家嘴、世博滨江等可以展现改革开放以来的红色新文化。这些不同时代的空间轨迹沿黄浦江岸线集聚够得上申报世界文化遗产。

559）二是黄浦江岸线的城市更新要有循环经济的思想。黄浦江岸线更新使上海城市空间发展从增量扩张进入存量优化，循环经济的减量、延长、回用等思想要在其中发挥作用。原南市发电厂再建成为艺术展示厅，原国棉十七厂改建成为国际时尚中心，以及百年杨浦水厂延续其供水功能同时提供游览功能，是我解读循环经济与城市再生喜欢讲的例子。

560）上海建设现代化国际大都市，强调对标国际最高标准和最好水平，上海人眼睛盯住的是纽约、伦敦、东京、巴黎等先行城市。出国开会和旅游，到伦敦在泰晤士河旁漫步，到巴黎在塞纳河旁转悠，我心里想的是上海的黄浦江岸线开发。黄浦江和苏州河从工业锈带成为生活秀带是一道耀眼亮光，让世界看到上海在变得再次伟大。

561—570：北外滩是世界会客厅

561）1986年到同济工作住在上海的东北角，一家人闲时逛街，开始是去四川北路，后来是去五角场副中心，这几年到北外滩多了起来。黄浦江与苏州河交汇处是上海建设全球城市中央活动区的金三角。继老外滩和陆家嘴之后，北外滩冉冉上升成为新的网红打卡地，发展定位是建设成为上海大都市的世界会客厅和新一代中央活动区。

562）2021年，北外滩由百年仓库改建而来的世界会客厅大楼亮相，在这里举行了中国共产党百年故事、北外滩国际航运等论坛。世界城市日，由上海市政府、国家住建部、联合国人居署联合主持的城市可持续发展上海指数指标框架在这里隆重发布，我们有幸承担了上海指数的主要研制工作。

563）北外滩一带码头密布，解放前就是上海与海外之间送来迎往的水上门户。1919 年，陈延年、陈乔年等第一批中国青年赴法国勤工俭学，就是从这里的汇山码头（靠近今国际航运服务中心）坐日本邮轮出的国。20 世纪 20—30 年代，爱因斯坦、泰戈尔等世界名人也是在这里登陆开始了解中国。

564）解放前，坐轮船去国内沿海城市是在十六铺，坐远洋轮船出国，大多数是从虹口的汇山码头和杨浦的黄浦码头（今秦皇岛路码头）出发。现在的北外滩航运商务区除了有国际客运中心码头，还集聚了一系列航运服务企业的总部，包括中国航运业的三巨头，即上海国际港务集团总部、中海集团和中远集团等。

565）参加北外滩城市更新研讨会，我说北外滩建设国际会客厅的创意区，可以与老外滩和陆家嘴错位发展。我说北外滩改造的理想目标是能够做到两个进得去。一是北外滩的商务繁华区步行可以进得去，二是北外滩的历史建筑要打开门让游客可以进得去。

566）现在看到的北外滩规划果然有更多的人文味道。在规划建设摩登大楼和天际线的同时，强调空间肌理要呵护窄马路和小街坊，要适宜人居和步行。北外滩建设考虑了三层次的步行体系。地上有 24 小时开放的二层连廊把所有楼宇连起来，地面有贯通的绿道可以从中央公园步行到滨江，地下有方便的人行和车行网络系统。

567）北外滩具有与众不同的历史经历和文化资源，规划建设采取"新旧共生"的方式，要形成"一心两片"的空间结构，全方位建设国际会客厅。其中，"一心"是以航运服务为主可以开展高层次会展活动的商务功能区，"两片"中的西翼是当年的使馆区和美租界的发源地，东翼是当年犹太人到上海避难的提篮桥集中居住区。

568）西翼中的百老汇大厦（今上海大厦）和查理饭店（今浦江饭店）是海内外知名的历史建筑。2005 年我在哈佛做访问学者，伦敦经济学院有项目做世界十大城市及其变迁的比较研究，他们承担费用邀请我回上海参加他们在上海进行的论坛活动。参会嘉宾特地被安排住在浦江饭店，项目方认为这是理解和研究上海的切入口。

569）东翼的提篮桥曾经是二战时期接受犹太人避难的"上海方舟"。2005 年，一百个曾经在提篮桥居留过的犹太人回上海探亲。其中 93 岁高龄、曾做过世界银行总顾问的布鲁门萨到了这里激动地说："不要扶我，我要摸到这个墙，我小时候就在这个墙边玩。"2002 年同济大学阮仪三教授等积极建议，提篮桥成为上海中心城区的 12 个历史风貌保护区之一。

阮仪三，1934 年出生，江苏苏州人。1956 年考入同济大学，1961年毕业留校。现任同济大学建筑城规学院教授，建设部同济大学国家历史文化名城研究中心主任。20世纪80年代以来，促成了平遥、周庄、丽江等古城古镇的保护，享有"古城卫士"等美誉。对上海外滩、南京路、提篮桥等历史风貌地区的保护与开发利用提出过重要建议。

570）白玉兰广场是北外滩中心区的标志性建筑，这里正在成为各种重要会务会展的新场所。有一次参加某机构在白玉兰顶层举行的研讨会讨论北外滩发展，会后坐船看黄浦江两岸夜景，在江面上有无人机创意表演。那一天大家在会上的发言，众口一致强调北外滩的发展要围绕世界会客厅打好上海城市文化牌。

571—580：迪士尼落户浦东

571）2016年上海迪士尼乐园正式开园。它在中国大陆是第一个，从世界当下形势看，估计也不太可能会有第二个。用万达综合体打遍天下的王健林最初听到上海迪士尼的事情，曾经说，"有万达在，上海迪士尼乐园20年之内盈不了利"。有趣的是，上海迪士尼第一个运营年度就实现了财务收支平衡，打破了历史上的纪录。

572）迪士尼在中国的商业成功，关键是上海的背后有长三角城市群和中国内地广大的消费市场。上海迪士尼建在浦东川沙，与浦东机场和建设中的高铁车站有地铁连接，国内外游客下了飞机和高铁可以很方便地到上海迪士尼，带孩子出游过境转机的老外如果有雅兴，48小时内不用办签证就可以看看上海风味的迪士尼。

573）迪士尼落户上海不容易，从1990年朱镕基访美考察迪士尼表示最初意向，到2010年正式签订合作协议，时间跨度长达20年。曾任上海申迪（集团）有限公司副总经理的程放说，"在浦东建设中，没有哪个引进项目比迪士尼落户更艰难的了"。何建明的报告文学《浦东史诗》（2018）记录了迪士尼创建中的一些有趣故事。

《浦东史诗》，何建明著，上海文艺出版社2018年版。作者查阅逾千万字的材料和档案，采访上百位浦东开发亲历者，实地踏访浦东建设的相关现场，以长篇报告文学形式，展示了浦东开发开放的历史进程与时代画卷，描述了浦东开发中的重要人物和重要事件，包括邓小平、江泽民、朱镕基、黄菊、汪道涵等。

574）迪士尼落户上海比其他项目有困难，除了其中的商业逻辑，很大程度涉及中美之间的文化差异。我2001年访美的时候去过佛罗里达的迪士尼。引进迪士尼表现了中国的开放和包容，但是上海搞迪士尼不是简单把美国模式搬过来。整个过程强调与中国国情相融合，要"为我所用"。

575）最初迪士尼方对进入上海有犹豫，觉得对中国市场不了解。1994年赵启正到美国访问主动找上门去说，在上海建设迪士尼，直接的客源是7000万人，潜在的市场是3亿人，世界上其他迪士尼包括东京迪士尼，能有这样大的市场规模吗？迪士尼方听了这样的数据，态度变得激情洋溢了。

576）迪士尼方考察浦东后提出条件说，建设迪士尼需要20平方公里土地。中方回应说，太多了！根据在世界各地所建的乐园规模和上海迪士尼的规划设想，7平方公里面积完全可以满足建设用地需要。后来他们知道"惜土如金"是当年浦东新区掌门人赵启正的座右铭。

577）迪士尼方说，需要中方保证年回报率不低于15%，如果不到这个数政府要给补贴。中方摇头说，在浦东的所有投资项目，无论是中外合资还是中方独资，一律由投资主体承担效益责任，迪士尼项目也是如此。政府的政策优惠已经在项目投资初期和开园初期等过程中体现出来。

578）迪士尼方说，票价要由其决定，提出三种门票价分别为平时价399元，周末价499元，节庆价599元。中方回应说，太贵了；上海迪士尼的票价要基于中国国情和消费水平，分成三种票价多了，建议分为平时价370元和节庆价499元两种类型，平均水平应该低于东京。

579）迪士尼方对各个问题OK之后，中方提出要对残疾和智障者提供免费入园机会。迪士尼跳了起来，说这样他们要破产了。中方说，我们的法律规定所有残疾人有享受公共服务设施的特殊权利。对残疾人的入园问题，我们会采取合理的措施和办法，不会影响乐园正常运营，他们可以放心。

580）经过这样那样的多年磨合，上海迪士尼现在已经成为中国政府与美国企业成功合作的一个范例。一个最新的事例是，2021 年 10 月上海迪士尼出现新冠密接情况，马上闭园进行全员核酸检测，筛查相关人员数量高达 66460 人次。政府紧急安排游客有序离开，迪士尼乐园照常进行了烟花燃放等表演活动。

581—590：废机场变身生态型住区

581）新江湾一带是上海城市发展有故事的地方。民国时期在江湾五角场轰轰烈烈建设上海新市区得到人们注意，现在又有在江湾废机场上建成新江湾城生态型住区的新故事。2005 年新江湾城的华润橡树湾连体别墅开盘，我到这里踩点想买房。虽然后来没买成，但是我对这里的居住环境和社区发展一直很关注。

582）1990 年代末，为解决上海旧城区人口密度高、居住环境差的问题，政府决定在内外环线之间东西南北四个方向，各建一个大型居住区，其意义不亚于解放初建设"两万户"工人新村。东为宝山江湾，西为闵行春申，南为浦东三林，北为普陀万里，合计接纳居住人口 46 万。新江湾城是其中最大的一个，规划人口要达到 16 万。

583）新江湾城原址，是日本人 1939 年侵占上海时修筑的江湾机场。解放后江湾机场归解放军空军使用，一直到 1994 年停飞。1997 年上海市政府用 30 亿元收回土地使用权，军事用地调整为民用建设用地。土地面积有八九平方公里，有人说这对于土地稀缺的上海来说称得上是一笔没有预期的"飞来横财"。

584）有趣的是，因为江湾机场原来是机场，有一部分土地长满植被、河泾自流，加上后来停飞，这里居然变成了上海中心城区面积最大的一块湿地，生态环境被认为是明朝人殷清第一次到这里看到的面貌。我讲城市可持续发展，会说这里是建设空间逆生态化和废弃地再生利用的好例子。

585）因为逆生态化现象的出现，社会舆论对新江湾城要不要搞开发开始出现思想分歧。搞生态的人说，这是上海难得的生态宝地，应该保留下来，不能搞开发；搞开发的人说，这片土地开发利用价值大，可以续写大上海计划的新故事。不同意见见诸上海的报刊媒体，甚至传到了上海的两会上，我也碰到过两方面的人来找我。

586）针对这种情形，政府组织专家进行了一次详细的本底调查，结论是：新江湾城地区已经城市化，不具有彻底完成生态回归的条件，建议因地制宜建设成为上海中心城区有示范意义的生态型居住区。开发建设要考虑已经有的生态恢复成果，规划设计要保留足够的生态面积和自然景观。

587）绿色发展现在已经成为上海城市发展和社区建设的时尚，但是20年前的房地产开发打生态牌仍然是有超前性的。新江湾城的规划研究提出了建设跨世纪新型居住区的大目标，要以人文型为特色打造国际化社区，以知识型为特色打造智能化社区，以低碳型为特色打造生态化社区。

588）这以前，上海曾经搞过两个版本的国际化居住区。第一代是1980年代在中心城的西边搞虹桥开发区，建设了古北等国际社区；第二代是1990年代浦东开发，建设了联洋和碧云等国际社区。进入21世纪后上海世博会倡导城市让生活更美好，新江湾城提出要规划发展第三代国际化居住区。

589）新江湾城建成后，闹中取静，鹤立鸡群，市场果然看好。我楼上有一对知识夫妻，女方是上海出生的德文翻译，先生是在大众汽车干过许多年的德籍资深工程师。几年前他们卖掉原来的复式房，搬到了新江湾城去居住，他们说是住在城市生态公园里过五星酒店的生活。2022年新冠疫情，听说新江湾城的感染者非常少。

590）我关心新江湾城在打生态牌的同时如何化解上海人居住空间的一个悖论问题，即，横向发展的传统住宅，如开埠后的石库门里弄和解放后的工人新村，人际交往好但是空间利用效率低；垂向发展的商品房经济，空间利用效率高但是人际交往差。有一次到新江湾城街道开会讨论社会发展与治理，听到了这里的高层建筑居民在参与社区活动方面作出的努力。

591—600：崇明建设生态岛

591）在高楼林立的国际大都市，有崇明这样一个面积1200平方公里的世界最大河口冲积岛，这是上海魔都的神奇之处。20多年前开始讨论崇明发展，面对应该更城市还是更乡村的选择，最后决策是钢筋水泥的上海大都市需要有一个体现反差和互补的田园风光的生态岛。从崇明保留一片净土建设生态岛，可以看到上海城市的包容品格是什么。

592）崇明建设生态岛的思想缘起于东滩开发。我记得2001年在从上海到崇明的公务船上，给上海实业的老总们，从解读《自然资本论》（1999）一书入手讲崇明岛生态发展的情景。当时上实集团刚刚拿到崇明东滩的86平方公里土地，邀请同济专家做战略研究，我们觉得崇明应该讲一个上海未来绿色发展的新故事。

593）1999年版上海城市总体规划（1999—2020），说崇明是上海可持续发展的战略空间。从东滩开发研究崇明发展，我们觉得上海建设全球城市不仅需要有世界经济竞争力，而且需要有世界可持续发展影响力。前条线在中心城区和浦东新区四个中心的建设目标中已有系统思考和空间安排，后条线需要从崇明岛的生态发展愿景发出先声。

594）举行研讨会讨论崇明岛的发展方向是什么，有院士建议崇明应该再造一个香港，发展方向是更城市、更工业。我发言讨论说恐怕上海不是缺香港，而是缺少伦敦和巴黎那样走出城市半小时就可以看到的绿色和乡村，崇明发展需要更乡村、更生态。东滩可以成为崇明建设生态岛的先行者。

595）我说工业化以来的上海城市发生发展可以有三个版本。上海 1.0 是开埠后苏州河两岸的浦西发展，上海 2.0 是改革开放后跨过黄浦江的浦东开发，上海 3.0 应该是长江口和杭州湾的绿色新发展，要带动上海发展从一江一河走向大江大海。崇明的面积大小与浦东差不多，可以从农业文明跨越式进入后工业化的生态文明，塑造上海城市空间新形象。

596）上海实业确定东滩开发要走生态之路，邀请英国 Arup 公司做进一步研究。Arup 在世界上宣传崇明东滩要建生态新城，崇明生态化发展的信息得到世界关注。欧美媒体作为热点新闻，国际会议组织专题讨论，国外学者来上海开会专程去看崇明。我曾接到美国 Science 杂志记者的越洋电话，要求谈谈崇明开发和东滩项目。

597）从东滩到整个崇明岛，决策者对建设生态岛的战略定位变得越来越清晰。2005 年崇明、长兴、横沙三岛合并，上海市政府编制新的三岛总体规划，发展目标确定为建设现代化综合性生态岛，空间布局要包括生态、生产、生活三个方面。2016 年崇明撤县建区，上海市政府决定要与建设卓越的全球城市相匹配，倾全市之力把崇明建设成为世界级的生态岛。

598）崇明建设世界级生态岛的关键，是要在保护生态环境的同时，通过生态＋战略将生态优势转化为发展优势。特别是要有将生态与发展整合起来的行动和项目，例如建设世界级的湿地候鸟迁徙地，建设世界级的再生农业和种源农业，建设绿色低碳、江南韵味的宜居社区，布局有世界影响力的生态科技教育项目和绿色发展国际论坛等。

599）但是东滩开发本身走过一点弯路。2005年我去哈佛访学离开上海半年，当中参加国际会议回来参加有关讨论，发现拟议中的东滩生态城规划要建成有50万人规模的新城。我吓了一跳，东滩面积86平方公里，主要是农业用地，50万人要用50平方公里建设用地，这与原来设想有偏离。幸好东滩生态城的设想后来被终止了。

600）现在人们看到上海大都市旁边有崇明这样的田园风光，会"哇"一声表示赞叹。2014年联合国环境署向世界上40多个岛屿地区推介崇明岛的绿色发展。2015年联合国环境署的绿色经济教科书把崇明列为代表性案例。我判断崇明建设生态岛的真正辉煌是在下一个10—15年，标志是在崇明的年轻人不再愿意离岛，而在外边的人想回来。

7

世界影响力（2020—2035）

上海未来发展的关键词是世界影响力，我觉得上海历史上形成的海派风格和思维惯性要切换。要从老海派转向新海派，目标是创造和传播中国的思想和故事，把上海发展成为在世界上具有引领潮流意义的头脑型城市。

601—610：从追赶到卓越

601）担任过上海2035总体规划咨询专家，这几年出去讲课做报告，经常谈上海2035年建成卓越的全球城市。上海新一轮城市总体规划的发展愿景，第一步是到2020年基本建成国际经济、金融、贸易、航运等四个中心和全球科创中心的框架，第二步是到2035年建设成为卓越的全球城市和具有世界影响力的社会主义现代化国际大都市。

《上海 2035：迈向卓越的全球城市》，上海市规划和国土资源管理局编著，上海科学技术出版社 2018 年版。该书介绍了上海 2017—2035 新的城市总体规划的编制思路，介绍了上海建设卓越的全球城市和有世界影响力的社会主义现代化国际大都市的路线图，可以从中了解上海未来建设创新之城、人文之城、生态之城的主要行动领域。

602）上海建设现代化国际大都市，是一个从追赶到卓越，从站住到站高的过程。1990 年代的战略研究提出建设国际经济中心城市，是要引入全球城市的理论，对标国际标准和水平，提高上海的城市能级。现在强调建设卓越的全球城市和有世界影响力的社会主义现代化国际大都市，是要激发上海在世界上的创新引领作用。

603）上海建设卓越的全球城市是国家战略，目的是增强中国在世界城市网络体系中的话语权。按照全球城市的概念，城市在世界城市网络体系中的中心性越高，城市及所在国家的竞争力特别是资源配置能力就越强。过去 20 年，上海一直在对标国际最高标准和最好水平，赶超纽约、伦敦、东京、巴黎等全球城市的先行者。

604）2000 年英国拉夫堡大学开发了一个世界流行的全球城市评价体系（GaWC），通过金融、保险、会计、广告、法律、管理咨询等高端生产性服务业的集聚性和连通性，研究城市在全球体系中的能级和地位。GaWC 每隔 2 年或者 4 年发布一个排行表，对照之下可以看到上海 2020 建设经济性全球城市的目标已经实现。

605）2000 年上海的全球城市排名是第 30 名，2008 年突破性地进入前 10 名，2020 年进入全球城市第 5 名，前 4 名依次是伦敦、纽约、香港、新加坡，位于前 10 名的其他城市还有巴黎、东京、悉尼、迪拜等。还在 1980 年代初我想到上海制定城市总体规划的时候，时任国务院副总理万里就认为上海发展迟早会超过东京。

606）上海在 GaWC 排行榜中的位次提高，在国际金融中心、国际航运中心、国际贸易中心以及国际科创中心等全球城市经济功能的各个主要领域，都有相应的实力支撑。其中，上海口岸贸易总额多年来保持全球城市首位，全球金融中心指数、新华·波罗的海国际航运中心发展指数等排名近年来稳定在世界第三。

607）过去 20 年，上海建设全球城市以及五大中心的重要抓手，是在空间上形成核心载体以及对外联系的辐射网络。例如，金融功能主要布局在陆家嘴和外滩等地区，航运功能主要布局在北外滩、外高桥和洋山港，贸易功能主要布局在自由贸易区和大虹桥商务区，全球科创功能主要布局在张江等。

608）上海建设全球城市重视理论研究和政策研讨，——

对应与国家行业主管部门合作设立了每年一度的国际论坛。对应金融中心，有陆家嘴金融论坛；对应航运中心，有北外滩航运论坛；对应科创中心，有浦江论坛；对应贸易中心，有在虹桥中国进博会举行的高峰论坛；对应全球城市，政府与相关大学合作设立了全球城市论坛。

609）上海未来发展的关键词是世界影响力。一是城市经济竞争力，以建设五个中心为目标，要在 GaWC 指标中具有世界影响力；二是城市综合竞争力，以可持续发展为导向，要在 GPCI 指标中具有世界影响力；三是社会主义现代化，以人民城市为导向，要用联合国人类发展指数显示世界影响力。

610）上海城市发展要实现从追赶到卓越的飞跃，我觉得历史上形成的海派风格思维惯性要切换。如果开埠以来形成的老海派，重在学习和效仿西方的理论和实践，驱动机制是跟跑和追赶；那么现在要倡导新海派，目标是创造和传播中国思想和上海故事，把上海发展成为在世界上具有引领潮流意义的头脑型城市。

611—620：生态文明的甜甜圈城市

611）中国式现代化的重要特征是生态文明。传统的全球城市是经济导向的，我做报告写文章讨论说，在应对气候变化和地球进入人类世的时代，上海建设卓越的全球城市，不能用现有的全球城市理论进行解释和指导，需要提出新型全球城市的二元竞争力概念。上海发展需要既有全球经济竞争力，又有全球可持续发展竞争力。

612）上海建设国际经济、金融、贸易、航运四个中心以及全球科创中心，是全球经济的竞争力。上海要在生态、生产、生活三生协调的意义上建设成为有世界影响力的国际大都市，是全球可持续发展的竞争力。上海的人口和经济在增长，但是上海城市空间形态的愿景和走向是建设生态文明的甜甜圈城市。

613）上海建设甜甜圈型城市包含四个方面的内容。一是城市增长要有生态边界约束。传统的城市增长模式是弱可持续发展，城市增长无止境地消耗生态空间。生态文明的国际大都市是强可持续发展，城市增长要控制建设用地的规模，要在生态边界之内推进经济社会繁荣。

614）过去40年，上海的城市发展走过了一个空间扩张的过程。上海编制2035总体规划，提出未来发展要实现规划建设用地零增长，用生态红线倒逼城市发展从增量扩张转向存量优化。上海城市从高速度增长转向高质量发展，关键是提高城市空间和建设用地的使用效率，实现城市繁荣与土地蚕食脱钩。

615）二是国土空间的甜甜圈结构。上海国土空间安排的基本思路是，扩大生态空间、保障农业空间、优化城镇空间。联合国保护生物多样性行动倡导海陆空间保护要有两个30%，上海2035年总体规划，要求在6833平方公里市域陆地范围内，包括生态用地和农林用地的绿色空间要保持在 50% 以上，城市建设用地控制在 50% 以下。

616）上海城市空间甜甜圈的三层结构从外到内包括生态空间、农业空间和城镇空间。其中，生态空间包括自然保护区、湿地、林地等，面积 2400 多平方公里；农业空间主要是永久农田，面积 1200 平方公里；建设用地包括其中的公园绿地等，面积不超过 3200 平方公里。规划建设用地考虑了上海市域范围内的人口进一步增长。

617）有人认为，上海应该把更多的空间转换成为建设用地，这样可以吸收更多的人，增加更多的 GDP。关键的问题是，建设可持续发展导向的新全球城市，不仅要满足物质生活和经济增长的需要，更要满足美好生活多元目标的需要。保有足够量的农田和林地，是上海建设三生协调甜甜圈城市的需要和必然。

618）三是东南西北四个生态保障。上海建设生态文明的现代化国际大都市，强调要在城市外围东南西北四个方向强化生态屏障。北边的长江口要建设崇明世界级生态岛，西边的环淀山湖要建设长三角生态绿色一体化示范区，南边的杭州湾要形成生态休闲大湾区，东边的东海沿线要发展崇明东滩、横沙、九段沙、南汇等国际滩涂湿地。

619）四是建设公园城市、森林城市、湿地城市。与建设四个中心的城市经济目标相匹配，上海在城市生态目标上提出了三大愿景，即到 2035 年建设成为有国内外影响力的公园城市、森林城市和湿地城市。公园城市与城镇空间相关，森林城市与农业空间相关，湿地城市与生态空间相关。崇明东滩国际湿地是有世界影响力的项目。

620）在上海主城区范围内，生态绿色的亮点是一江一河加一环。黄浦江和苏州河，是上海大都市赖以生存和发展的生态基础，未来要在繁荣经济社会发展的同时强化一江一河的生态服务功能。沿外环线分布的环城生态公园带，要在将近100公里长的绿带内建设50个公园，愿景是打造与伦敦外环绿带有一比的上海环城绿带。

621—630：城市空间新格局

621）2021年伊始，上海提出了16个字的空间发展新格局，即中心辐射、两翼齐飞、新城发力、南北转型。这个空间发展新格局，表明了上海的目标是建设多点发力的有新意的全球城市区域，而不是传统的单中心的全球城市。如果甜甜圈城市可以提升上海的可持续发展竞争力，那么空间发展新格局可以提升上海的全球经济竞争力。

622）国外传统的全球城市概念，有两个主要内容，一是全球城市主要是发展生产性服务业等高端服务业，二是全球城市的功能集中在城市中心的CBD。我做报告解读16个字的新格局，强调与传统模式不同，上海建设全球城市的中国性，一是强调制造业与服务业要相辅相成共生发展，二是建设全球城市要形成多中心的对外辐射系统。

623）中心辐射，是外环内的上海中心城加上东南西北四个主城片区，即北边宝山片区、西边虹桥片区、南边莘庄片区、东边川沙片区。中心辐射是要强化主城区的全球城市功能，要在金融、航运、贸易、科创以及国际文化大都市等方面占领世界制高点，在国际和国内两个循环中发挥核心作用。

624）两翼齐飞，是东西两翼要与主城区整合起来形成一心两翼、两个扇面的全球城市格局。东翼是上海对外开放的扇面，主要是洋山深水港和自由贸易区临港新片区，以及建设中的浦东综合枢纽。一方面承载自由贸易区的特殊经济功能，同时建设成为上海大都市的制造业中心；另一方面要与中心城市携手，建设类似东京都—横滨那样的临海新都市。

625）西翼包括虹桥国际中央商务区和长三角一体化示范区，是上海对内开放的扇面。空间形态为一个核心三个辐射带。一个核心是虹桥枢纽和虹桥国际中央商务区，要在长三角区域起到中央商务区的作用。三个辐射带从北往南依次是国际开放枢纽北向拓展带、长三角一体化示范区、国际开放枢纽南向拓展带。

626）新城发力，包括嘉定、青浦、松江、奉贤和南汇（与临港新片区有重合）等主城区之外的五个独立新城。五个新城是上海城市空间发展的重要增量，不是要重复建设以前功能单一的工业卫星城或郊区新城，而是要做大成为独立的综合性节点城市，使上海从单中心发力提升到1+5的城市集群发力。

627）日本的东京大都市圈从里向外可以分出三个圈层。东京都是中心，占地 600 多平方公里的 23 区部是城市核。由内向外东京都加三个县形成东京圈，再向外由一都七县形成首都圈甚至广域都市圈。上海带动长三角城市群，也需要从内向外形成圈层，发展五个新城就是做强上海的市域都市圈。

628）南北转型，是南边金山和北边宝山两个基础产业城区的产业转型和城市转型。一南一北是 1970 年代和 1980 年代建成的化工和钢铁产业基地，过去 40 多年对中国工业化做出了重要贡献。双碳目标背景下，两者的产业发展，需要向绿色化、高端化、服务化、多元化进行转变。

629）南北转型对上海大都市的区域影响具有方向性的意义。上海城市发展空间格局多年来有东西方向强、南北方向弱的状况。上海未来发展，北边对长江口沿江及以北区域的辐射和联动，需要发挥宝山门户城市的作用；南边对杭州湾沿岸及以南区域的辐射和联动，需要发挥金山门户城市的作用。

630）以前我用南市老城厢 2 平方公里作当量，衡量上海城市空间的增长。现在觉得不够用了，需要用内环线内 100 平方公里作当量，衡量上海城市空间的新格局。例如五个新城每个面积 100 平方公里相当于五个内环线；上海主城区的面积 1200 平方公里相当于 12 个内环线。上海正在成为空间上的巨无霸城市，需要发展巨无霸的世界影响力。

631—640：人民城市的 3 个 people

631）20多年前上海提出现代化国际大都市目标的时候，我曾在上海图书馆做报告，用联合国的人类发展指数讨论上海离现代化有多远。现在讨论上海如何建设人民城市，我觉得需要更好地考虑三个 people：在发展目标上是 for the people；在发展内容上是 of the people；在发展机制上是 with the people。

632）在发展目标上是 for the people，即城市发展是要提高人的福祉和满足人的多元需求，而不是单一的经济增长。我用二维矩阵解读上海发展，说传统的全球城市强调经济竞争力，不强调可持续发展；一般的宜居城市有可持续发展，没有全球城市经济竞争力。上海的目标是既要有全球城市的经济竞争力，又要有可持续发展的城市生活品质。

633）东京的日本森纪念财团研制了一个具有可持续发展意义的全球实力城市指数（GPCI），内容包括经济、研发、文化交流、宜居性、环境、交通等城市福祉的六个方面，专门对世界上 48 个最有影响力的城市进行分析评估。可喜的是，从 2020 年到 2022 年连续三年，上海在 GPCI 中的综合成绩均是第 10 位，与全球城市 GaWC 中的排行相匹配。

634）上海建设人民城市的关键是要为所有人提供公共服务。上海现有户籍人口 1400 万，常住人口 2500 万，每天实有人口接近 3000 万。上海城市发展，不管规划安排建设用地，还是提供基础设施和公共服务，不能只考虑在地的户籍人口和常住人口，而是要面向来来往往的所有人。

635）在发展内容上是 of the people，即城市发展要满足美好生活的多元需要，给老百姓创造既有数量又有质量的公共空间。公共空间不仅包括商业中心的经济性公共空间，更多的应该是公众可以自由进出的社会性公共空间和环境性公共空间。它们应该布局在公众的身边，有可达性和便利性，而不是远不可及、大不可及。

636）相对于工业化时代的生产性城市，人民城市具有重要的 of the people 的意义。城市发展需要宜业、宜居、宜游和宜行，传统的工业城市或生产性城市是先生产后生活，不平衡发展是常态。人民城市是并联式的发展思想，战略上注意各种需求的协调与平衡，操作上要通过宜居走向宜业。

637）全球城市需要建设高大上的标志性项目，人民城市需要发展烟火气的 15 分钟生活圈以及各种微基建。口袋公园或社区花园是贴近老百姓生活的公共空间和便利设施，享用的人群是全方位的，从 15—60 岁的上班族，到 60 岁以上的退休族和 15 岁以下的青少年。社区花园特别受到两端人口的欢迎，而让上班族安心的办法就是稳定两头的一老和一小。

638）有一次，同济大学刘悦来博士带我看他在江湾五角场搞的创智农园，听他讲如何说动街道和居民搞社区花园的故事。他的志向是到建国一百周年，能够组织各类社区，因地制宜建成 2049 个小而美的社区公园。我们编制《上海手册——21 世纪城市可持续发展指南·2016》用了创智农园的案例，觉得可以从一滴水看上海建设人民城市的努力方向。

639）在发展能力上是 with the people，即老百姓可以全过程参与人民城市建设。全过程包括事前的城市规划，事中的城市建设，以及事后的城市运营。我常常开玩笑说，上海老百姓是见多识广的"刁民"，城市发展是否具有亲民性，规划建设是否具有包容性，需要不同利益、不同诉求的老百姓介入其中，在不同阶段表达意见。

640）一般说来，越贴近老百姓的地方越需要公众参与。刘悦来请我给他的书《社区花园理论和实践》写序。我说，社区花园的发起、建设和维护，涉及政府、居民与第三方组织和专家的参与和合作。社区花园这样的公私合作伙伴关系或合作治理，是上海推进人民城市建设的能力保证和动力源泉。

641—650：陆家嘴发展再思考

641）2022 年国庆长假，我与家人到金茂酒店住了一晚，在小陆家嘴地区转悠，再次感悟到了这里的空间困境。世纪大道作为快速交通主干道，干扰了横向地面交通以及原来设想的景观功能。中心绿地冷冷清清，利用率不高，看起来是城市里的郊区空间。好消息是，东西向的浦东大道地下通道建成通车，陆家嘴的交通困境一定程度可以得到缓解。

642）我想到研制上海 2035 总规的时候，有一次在上海城市规划展示厅举行公众研讨，我在台上发言谈到陆家嘴 CBD 存在功能单一、汽车导向、步行不便等问题。参加过陆家嘴规划的人站起来解释说当年如何得到好评，我笑笑表示理解。在另外一些场合，我多次听到徐匡迪和韩飞说，城市发展与更新的问题，如果我们的时间充裕一些，也许可以把事情做得更好。

643）其实当年国际顾问委员会评议陆家嘴五个国际咨询方案，就有人提出过不同的意见。新加坡的城市规划大师刘太格说，现在方案偏重于建造办公楼，需要调整比例考虑办公、旅馆、商业、居住、文化设施等多方面的需要。刘太格当时正在主持新加坡 1991 年概念规划，强调城市发展要注意功能混合。当时在场的曹杨新村的设计者汪定曾发言表示认同。

刘太格，1938 年生，新加坡人，祖籍福建永春。1962 年毕业于澳大利亚新南威尔斯大学，1965 年获美国耶鲁大学城市规划硕士学位。1965 年进入纽约贝聿铭事务所工作。1969 年回新加坡，1979 年任建屋局局长，1989 年任新加坡重建局局长与总规划师。是新加坡"花园城市"和"居者有其屋"理念的推进者。

《上海陆家嘴金融中心区规划与建筑国际咨询卷》(精装),上海陆家嘴集团有限公司编著,中国建筑工业出版社2001年版。陆家嘴金融中心区不仅是浦东的城市中心,更是上海中央商务区(CBD)的重要组成部分。该书记录了陆家嘴中心区规划的国际咨询过程,包括最初的五个规划咨询方案,以及有关这些方案的讨论意见。

644)上海2035总体规划最终文本引入了伦敦新的规划中提出的中央活动区概念(CAZ),用来修补原来中央商务区的不足。中央活动区是上海全球城市功能的主要承载区,也是城市中心多功能融合的公共活动区域。国内外的许多城市也许没有金融功能的中央商务区,但是需要发展多功能的中央活动区。

645)对于陆家嘴这样的建成空间,如何从原来功能单一的中央商务区转变成为充满人气的中央活动区,同济大学的蔡永洁教授等花了三年时间带着学生进行研究。2021年他们出版《再造陆家嘴》一书,对陆家嘴地区城市更新特别是对当年曾经作为标志物的一绿一轴,即陆家嘴中心绿地和世纪大道提出了大胆的新看法。

《再造陆家嘴》,蔡永洁、许凯著,同济大学出版社2021年版。陆家嘴空间发展中存在的不足,一方面是因为城市快速发展,30年前的规划设想与实践已经不能满足今天城市发展的需要；另一方面是由于当初建设时经验匮乏，对发展速度与容量的认识有限。该书从城市设计的视角，对该区域的城市更新提出了新的见解。

646）他们说，再造陆家嘴成为有人气的中央活动区的路径有两个。一个是扩容，提高开发强度，将现在的一个陆家嘴变成两个陆家嘴，让建筑密度达到与纽约、东京等全球城市相当的水平。另一个是提质，改变现在陆家嘴地区的郊区空间模式，将原来的单一功能变成混合功能，打造满足人的需要和与人的尺度相匹配的城市街区空间。

647）陆家嘴绿地占据了几何中心位置，但是由于城市功能单一，周围缺少纽约中央公园周围那样的居住功能，除了中午休息时间有些来自周围办公楼的人员，大多数时间鲜有人气。他们认为陆家嘴绿地可以改建成有低密度建筑分布其中和多功能活动开展的城市活力中心。其实在国外，人们对纽约的中央公园也有类似的意见，认为单一而巨大的中央公园不如巴黎那种分布式的家门口的街区公园更有效。

648）他们提出，建筑加密需要从密到疏形成甜甜圈式的圈层结构。原来的陆家嘴中心绿地和金茂大厦、国际金融、上海中心等三件套，是建筑密度最高的核中核；周围的高层建筑要通过补充裙房形成中等尺度、中等密度的中间圈；外围的滨江区域，延续超低密度的自由休闲状态。

649）现在的世纪大道既是交通干道又是景观大道，既不被司机喜欢也不受行人爱戴。他们建议将延安东路隧道在浦东的进出口向东延伸，消除路面过境交通。把世纪大道转换成为有文化体育功能的休闲绿廊，陆家嘴中心绿地减少的绿化可以在这个新的绿廊中得到补充。其实，延安东路隧道如果是在地底下一路向东到世纪公园再冒到地面上也许更好。

650）上海的城市发展是螺旋式上升的。我觉得对陆家嘴空间发展的再思考，对于上海城市发展如何在中国式现代化建设的新阶段强化人民性是有价值的。当年小陆家嘴的规划建设，树立了中国城市建设中央商务区的范例；现在可以从小陆家嘴再次出发，探索城市中心如何建设成为能够使人流连忘返的多功能的活力空间。

651—660：世博岸线建设文化秀场

651）20多年前，我曾经主持一个政府课题，从文化活动和空间布局研究上海如何建设国际文化大都市。当时的思路是拘谨的，觉得上海的文化中心是环人民广场，其他地方是辐射。那时难以想象以后搞世博会将把上海城市文化空间搞到了世界级。正是从世博会开始，上海建设国际文化大都市的眼光和实操变得越来越宏大。

652）上海国际大都市的中央活动区，要有四个中心这样的国际经济功能，更要有城市文化功能的喜马拉雅山和世界影响力。我的感觉，如果说环人民广场发展世界级演艺圈，可以对标纽约时报广场周围的城市演艺空间，那么环黄浦江发展世博岸线文化带，是在空间规模意义上建造一个洛杉矶能级的文化城。

653）2010 世博会还在进行中，上海就明确了世博地区未来发展的目标，是要建设成为国际文化大都市的核心承载空间。要将黄浦江岸线的活力从下游向上游延伸，以后滩地区为中心，打造一核三区的世界级城市滨江文化带。一核是现在以世博文化公园为主体的后滩地区，三区是北边包括四大场馆世博滨江、南边的前滩地区以及对岸的徐汇滨江。

654）世博会一结束，北边的四大场馆就第一时间向社会展示文化功能。其中，梅赛德斯文化中心一举成为亚洲第一的流行演艺文化空间。其实，梅赛德斯在世博期间就显露了这样的雄心和征象。世博期间我流连忘返的，一个是去城市最佳实践区看城市案例，另一个就是去梅赛德斯中心看文艺演出。

655）世博园区的宝钢大舞台原来是从上钢三厂机器轰鸣的工厂改建而来，世博期间天天演出吸引了许多人，现在美丽蜕变为上海宋城演艺世博大舞台。2021 年推出驻场秀《上海千古情》，用上海味道的艺术手法，展示了上海建城 700 多年的前世今生，可以从中领略上海的文化变迁和城市气质。

656）后滩地区占地 2 平方公里左右，相当于一个老城厢的面积，原来考虑世博后的功能是商务办公。2017 年时任市委书记韩正去调研，提出后滩空间要整体用来建设世博文化公园。后来做规划，强调要新建文化地标上海大歌剧院，同时保留世博会四个有文化含量的欧洲馆，即法国馆、意大利馆、卢森堡馆、俄罗斯馆。

657）后滩建设世博文化公园，担负了彰显中国文化的重要角色。这里用最上海的手法打造了人工双子山，规划建设了以弘扬江南文化为己任的申园，空间布局分别是北山、南水、东园、西苑。我感觉这是上海21世纪一个加强版的新豫园，在这里可以足不出"沪"欣赏中国的江南园林景色。

658）前滩地区，原来是为引进美国环球影城而预留。后来迪士尼谈成，来了浦东；环球影城没有谈成，去了帝都。现在前滩正在以文化为引领打造新一代的商务区，文化空间的龙头项目是"前滩31"，拥有2500座的大剧场和1500平方米的黑匣子展演空间，目标是要建设成为世博文化岸线中标新立异的演艺明珠。

659）浦西一侧的徐汇滨江长达8.4公里，其中的文化板块是西部传媒港和文化走廊，重点是建设黄浦江边的户外艺术中心，发展成为可以与伦敦南岸和巴黎左岸比拼的上海西岸。其中，代表性的项目东方梦工厂于2017年落成，开张行动是举办上海西岸音乐节，一炮打响，为打造徐汇滨江新形象发出了先声。

660）当年在上海中学上学，有一段时间学工劳动，天天到龙吴路港口附近的泰山耐火砖厂去搬砖，那时的徐汇滨江是烟囱林立的工厂。50多年后这里变成高大上的文化秀场，成为上海建设世界级的人文之城的重要空间，前后对比当然感慨上海从工业城市进入后工业城市的巨大变化。

661—670：中环要用地铁连起来

661）知道高架中环线的缘起是看到原上海规划局局长张绍梁的口述回忆。说 2003 年退休后，他做课题《优化上海城市空间环境形象研究》，提出要建设一条功能丰富的人文中环线，得到时任市领导的重视，于是有了现在的高架中环线。我现在想到的问题是，提升中心城市活力和实现双碳目标，上海需要尽快规划建设中环地铁线。

张绍梁，1932 年生。1952—1955 年就读于同济大学城市建设与经营专业。1978—1983 年任上海市城市规划办公室（设计院）主任、副总工程师。1983—1993 年先后任上海市建设委员会副主任、上海市城乡规划环境保护委员会副主任、上海市城市规划管理局局长。主持编制了 1986 年版上海城市总体规划。

662）大家知道上海环城快速道路有三个环。内环线圈定上海城市核心区，外环线区分中心城与郊区，中环线串起上海多个城市副中心。中环高架全长 70 公里，沿线有多个上海城市副中心。较早的如东北角的江湾五角场和西北角的真如，较新的如浦东的金桥副中心、张江副中心和前滩中央活动区。

663）中环是上海中心城市的金腰带，其上的城市副中心作为二传手放大城市中心的辐射力。前滩中央活动区相对比较新，一开始就定位于要建设成为国际组织和跨国公司总部的集聚地。其他几个老牌城市副中心也各有自己的特色，例如江湾五角场要优化大学街区和创智天地，张江要建国际科学城等等。

664）用中环提升上海城市能级，关键是中环上的城市副中心要避免空间低效的郊区城市模式，真正形成多功能有人气的城市活力中心。前滩是黄浦江上游的新的金三角，规划目标提出要超越陆家嘴，建设2.0版甚至3.0版的中央活动区或者中央商务区。前滩太古里目前已经成为上海新的网红打卡地。

665）我搞来一份前滩发展空间规划，对着规划去实地体验。这里规划有两条以上地铁线交会，建有威灵顿国际学校、莱佛士国际医院、信德文化中心等公共服务。我在太古里周边的街上走了走，到前滩休闲公园转了转，到太古里商业中心吃饭喝咖啡，感觉未来的前滩会是对创意创业人士有吸引力的地方。

666）出国看城市，我对东京用地铁山手线和伦敦用地铁中央环线串起几个副中心有深刻印象。到东京，我会坐山手线到新宿、涩谷、上野等副中心转悠。到伦敦，坐地铁环线在东西南北交通枢纽换乘到外围城市，例如在 Paddington 换乘去卡迪夫，在 Euston 换乘去凯恩斯，在 King's Cross 换乘去剑桥。

667）对照上海，我觉得中环上的城市副中心最好要有地铁环线连起来，这样可以把分散的珍珠串起来形成有联通性的项链。目前的中环是高架道路而不是城市轨道线，不开车不打的要去这些副中心不方便。如果中环上的城市副中心有地铁环连起来了，它们的活力会不一般地爆发出来，还可以有效减少汽车交通的碳排放。

668）现有的上海地铁环线 4 号线主要围绕内环布局。人们在外围想坐地铁从一个地方到另一个地方，要绕圈子回到中心城区再换乘出去，很不方便。建设地铁中环可以解决这样的问题，特别是加强城市副中心之间的直接往来，例如不用绕圈子从北边的江湾五角场到东边的金桥和张江。

669）上海城市空间新格局的新城发力和南北转型，意味着上海的未来要发展成为 1+5+X 的市域都市圈。主城区与周围几个独立新城之间，需要用市域铁路而不是城市地铁进行放射状的联系。现在用地铁连接中心城和新城不是高效率的方法，而市域铁路联系可以进一步往外延伸到苏浙近沪城市。

670）地铁中环如果连起来，全长 70 多公里，将使上海具有世界大城市最长的地铁环线，未来最好能够在重要方向发展地铁线和市域线的换乘枢纽。例如，东北角从江湾五角场换乘去宝山、崇明甚至穿越到长江口北岸的海门和启东，西北角从真如换乘去嘉定、昆山和太仓，西南角从上海南站或梅陇换乘去松江—嘉善和金山—平湖，等等。

671—680：南汇新城与港城联动

671）讨论上海五个新城，我个人觉得对南汇新城的未来发展要有大畅想：不同于纽约、伦敦等全球城市功能的中心城市集聚型，上海建设全球城市可以有一主一辅的双核结构。南汇新城是上海走向大江大海新时代的港城联动新空间，承担的功能要大于其他新城，要在杭州湾口从无到有、从小到大建成一个上海版的新加坡或迪拜。

672）上海东海一侧的岸线，从北边的宝山到东南的临港再到西南的金山，形态就像面向太平洋的一张弓，东海大桥是弓上的箭，洋山深水港是箭头。1980年代讨论上海发展东南西北四个方向，世界银行的专家认为东边的向海发展是上海的尽头和死角，没有前途。但是洋山建了深水港，现在的故事就完全不一样了。

673）更重要的是，在东海大桥的陆地这一头，上海规划建设了南汇新城以及相关的产业园区。上海的产业地图有两个带，高端服务业集聚带是沿黄浦江—延安路组成的十字带分布，中央活动区是核心；先进制造业集聚带是沿从宝山到临港再到金山的沿海带分布，临港地区是中心。

674）临港地区是上海对外开放国际扇面的主要承载地。

主要功能有两个，一个是建设有特殊经济功能的自由贸易区，另一个是建设有国际影响力的滨海副中心城市或国际海洋城市。两个功能都有国家战略意义，南汇新城发展与此相匹配，要努力建设高能级产业、高水平科教、高品质生活、高联通交通的"四高"滨海城市。

675）在高能级产业方面，有人认为上海中心城区承担全球城市功能，南汇新城不应该另外搞金融等产业。我不这么看。上海建设全球城市需要多中心发力，南汇新城发展高端服务业不是简单重复，而是要以国际航运中心为基础，发展与其配套的金融、贸易、科创、制造等功能，需要在与航运有关的高端服务业方面具有国际竞争力。

676）在高水平科教方面，多年来南汇新城一直在引入大学和高等级的教育机构，但是目前学生毕业后留在当地就业和创业的情况，还远远不能满足需求。未来一段时间，南汇新城的教育和科研能级需要进一步提升，大学的学科和专业对南汇发展的支撑度、匹配度、超前度需要大幅度改善和加强。

677）在高品质生活方面，南汇新城是在远离上海中心城70公里远的杭州湾口滩涂之上建城市，对人口和人才的吸引力很大程度受到公共服务水平的影响，高品质生活对于高质量发展具有一定的先导作用。目前决策者已经注意到这个卡脖子问题的影响，开始摆脱传统工业园区的先生产后生活模式，强调社会事业要适度超前城市建设。

678）在高联通交通方面，重要的是在由地铁、郊铁、城铁、国铁四网形成的交通网络体系中成为枢纽。临港新城建设之初，联想到解放前大上海计划建设吴淞新商港要解决上海水陆联运不畅问题，我曾觉得铁路运输布局不能滞后。现在希望浦东机场市域连接线以及杭州湾北岸城际铁路的发展可以改善这方面的情况。

679）对于上海与长三角区域的发展和联动，我曾经有两个从 C 字形到 O 字形的看法。第一个是上海浦西城市的 C 字形如何变成环黄浦江的 O 字形，这个畅想因为 1990 年代的浦东开发开放，现在已经实现了；第二个是从上海经杭州到宁波的环杭州湾 C 字形或 V 字形如何变成闭合的 O 字形，是未来需要实现的，其中的关键是南汇新城与舟山之间的交通联系。

680）2008 年，嘉兴与宁波之间的杭州湾大桥建成通车，我有幸在中央电视台直播节目中担任嘉宾，发表评论说这是划下了杭州湾大湾区发展的第一笔。现在我的期盼是，在杭州湾口的临港地区与舟山和宁波之间要前瞻性地规划建设跨海高速公路甚至高铁交通，通过建设环杭州湾的世界级城市带，奏响上海与长三角进入杭州湾时代的更强音。

681—690：大虹桥是长三角的中央商务区

681）参加大虹桥核心区规划方案研讨，针对大虹桥建设成为面向长三角城市群的国际中央商务区，我的发言强调了两句话。一句话是，上海对外开放的两个扇面终于有了一东一西两个完整的空间载体，即东有浦东枢纽自由贸易区临港新片区，西有虹桥枢纽和虹桥国际中央商务区。另一句话是，虹桥这地方是注定要做大的。

682）上海对外开放要有两个扇面的设想早在1983年汪道涵当市长时就已经产生，但是东西两翼很长时间是钟摆式发展。先是1980年代在西边建设虹桥开发区，后来1990年代转移开发重点到浦东。2010年世博会以后开始强调大浦东和大虹桥两个发动机。现在终于形成两翼齐飞的空间新格局，两个面积强度都超过了上海内环线核心区。

683）虹桥这地方是注定要做大的，因为它处在上海东西方向连接长三角城市群的有利位置。上海东西向发展轴线，北有沪宁线，南有沪杭线，但是虹桥枢纽作为战略链接把沪宁和沪杭两个方向整合起来。虹桥发展定位是长三角的中央商务区，区别于城市中心的中央活动区，可以顺理成章地往北带动北向拓展带，往南带动南向拓展带。

684）长三角城市群特别是苏浙近沪城市对虹桥作为区域中心和中央商务区是认可的。我经常到苏州和嘉兴等上海周边城市开会，当地派车送我回上海，有时候我说送我到虹桥枢纽就可以，我可以坐地铁回家。因为司机送来迎往常常跑虹桥，他们对虹桥枢纽很熟悉，倒是要他们开车进入上海市区感到有点难。

685）扎根上海多年的香港企业家罗康瑞有眼光，大虹桥核心区有他先行一步投资建设的虹桥天地。2004年罗看到许多航线要搬到浦东去，地铁和高铁要集中到虹桥来，就觉得这里将来会成为长三角城市群的枢纽和中心。2007年时任市委书记俞正声问罗对开发虹桥怎么看，他说应该将虹桥地区发展成为上海与长三角互动的核心空间。

686）上海人看虹桥区分大小。西边的虹桥国际中央商务区叫大虹桥，东边原来的虹桥开发区叫小虹桥。小虹桥对大虹桥的功能定位有某种先发性的影响。虹桥开发区1983年开始建设，是第一批国家级经济技术开发区。当时国内其他开发区都是工业区，只有面积最小的虹桥开发区是以第三产业为主导，以对外经济贸易为特征。

687）虹桥国际开放枢纽的功能定位是大交通、大会展、大商务，新近又增加了大科创，前三者在大虹桥核心区都有相应的实质性项目作支撑。大交通功能的形成，当然是因为2010年结合上海世博会在这里建成了虹桥综合交通枢纽，汇聚航空、高铁、地铁，使得大虹桥交通服务能力大幅度得到提升。

688）大会展功能的形成缘于建设国际会展中心。2010年时任商务部部长陈德铭考察大虹桥，上海对在这里建设国家会展中心有激情。陈德铭说有两个硬条件，一是会展中心必须建在核心区，一是占地要有一平方公里。由于要在一平方公里空间集聚国际会展功能，机场附近搞建设需要限高，所以搞出了现在的标志性建筑四叶草。

689）大商贸功能的形成，来自 2018 年开始举办进博会。进博会本身只有 6 天时间，但是上海做出了 6+365 的安排，使得进博会的功能每一天都可以发挥作用。举行第一届进博会的时候，电视台邀我做现场嘉宾，我说上海进博会是上海建设国际贸易中心的空间载体，要在中国制造走向中国消费中发挥窗口作用。

690）我对研究交通枢纽引导的城市发展即 TOD 模式有兴趣，觉得大虹桥是机场和高铁站双重引导的航空—高铁城市，商务活动会在这里变得越来越频繁。有一次，阿拉善学院邀请我在大虹桥给企业老总讲可持续发展与管理，来学习的企业家上下飞机和高铁，住在这里的酒店，来来往往觉得特别方便。

690—700：长三角一体化示范区

691）中国生态文明建设的一个创意是以生态项目为龙头带动区域发展，相对于公共交通引导的发展即 TOD，这被称之为生态引导的发展即 EOD。我觉得，长三角一体化示范区就是具有 EOD 意义的项目。示范区的核心空间规划建设青山绿水的水乡客厅，而不是搞水泥森林的中央商务区，要讲中国生态文明下的区域绿色发展新故事。

692）担任长三角生态绿色一体化示范区的咨询专家，我在有关论坛做主旨发言说，示范区的成功要看两个维度。一个是发展维度，示范区要化绿为金，把这里的生态优势转化为发展优势；另一个是治理维度，示范区的绿色发展不是靠传统的自上而下休制，而是要靠上海、江苏、浙江两省一市有内在动力的横向合作。

693）示范区的绿色发展有两个方向。一个是用生态和文化将环淀山湖建设成为世界级的湖区。示范区内有淀山湖、元荡、汾湖、太浦河等三湖一河水系，可以发挥生态系统服务的愉悦功能；示范区内有朱家角、金泽、同里、黎里、平望、锦溪、西塘等7个中国历史文化古镇，要各美其美抱团展现江南水乡小镇风情。

694）另一个是探索有风景的地方有新经济，做好绿水青山就是金山银山这篇大文章。示范区通过建设高科技的数字中心和高端服务业的金融小镇，探索与传统城市发展不同的崛起方式。例如青浦、吴江、嘉善被列为中国"东数西算"战略的长三角算力枢纽，华为在这里建立了数字化创新园区。

695）以往去青浦，总是听到抱怨说，水源保护区与周围地区相比，经济社会发展大大落后了。其实，看发展常常是三十年河东三十年河西。过去追求高速度增长，工业化地区是先发者，耗用了本地的许多自然资本；现在强调高质量发展，原来没有太多开发的地方反而具有生态环境新优势。

696）环淀山湖的示范区与长江口的崇明岛都要在有风景的地方发展生态绿色新经济。但是在合作治理方面，示范区与崇明岛是不同的方式。崇明生态岛虽然空间上也包罗了江苏的两个镇，但总的发展主要依赖上海自身的体制能力。但是示范区的成败得失，需要依赖跨行政区的横向合作。

697）五位一体的中国式现代化，经济建设的空间投影是经济功能区，文化建设的空间投影是城市文化空间，社会建设的空间投影是社区和15分钟生活圈，生态文明建设的空间投影是生态、生活、生产协调发展的甜甜圈空间，政治建设的空间投影是城市之间、城乡之间的区域合作治理。长三角一体化示范区应该成为中国区域合作治理的实验区和引领区。

698）研究示范区的环境治理案例，可以发现政府之间合作已经有了一些好的做法。例如淀山湖对岸的吴江，以往环境标准相对低，中小企业发展多；下游的青浦环境标准要求高，企业进入相对难。建立示范区之后，两区一县建立了规划统一、标准统一、监管统一的合作治理模式。

699）示范区的合作治理，在中国主要是政府间的横向合作，但是也需要非政府的企业和社会发挥作用。同济大学联手长三角其他高校在这里成立了可持续发展研究院，试图为生态绿色一体化提供智力支撑和科技支撑。例如研究院收集两区一县数据，给示范区做了高水平实现双碳目标的战略规划和行动计划。

700）示范区对长三角和中国的高质量发展具有引领意

义。要讲好绿色发展与合作治理的上海故事和中国故事，当前特别需要克服"两多两少"的情况。一是有关环境末端治理的比较多，在源头上将生态优势转化为发展优势的比较少；二是政府环境治理在各自行政区内工作的比较多，跨区域进行一体化行动的比较少。

魔都上海魔在哪里？

上海是魔都的说法缘起于上海旧租界，现在对魔都的理解早就超越了租界的故事，开始呈现褒义。研究上海城市发展和空间变迁，我觉得有三个方面的魔幻吸引人，即空间之魔、缘起之魔以及城市的精神气质之魔。

701—710：魔都上海魔在哪里？

701）据说，魔都的说法最早来自日本作家村松梢风1923年出版的小书《魔都》，他描绘自己在上海的所见所闻，用"魔都"指称上海租界的包罗万象和无奇不有。后来许多写上海魔都的书，大多数内容与租界有关，其中最离奇的故事是英国作者法兰奇写的《恶魔之城》(2020)。谈旧上海如"魔都"，惊诧之下的口气大多是贬义的。

村松梢风（1889—1961），日本作家。20世纪二三十年代多次到中国游历，撰写了近十部有关中国的著作。《魔都》是其在中国的第一部旅行记，其惊讶于上海租界的包罗万象，用了"魔都"这个名词描述上海。如今这一词语几乎已成为上海的代名词，但是对它的理解却五花八门。

《恶魔之城——日本侵华时期的上海地下世界》，P.法兰奇（P. French）著，社会科学文献出版社2020年中译本。法兰奇被认为是一流的上海故事讲述者，本书以两个老外1930年代在上海发迹为线索，美国逃犯杰克通过钻营成为上海老虎机之王，维也纳人法伦积累资本成为上海歌舞表演之王，描绘了旧上海租界的各种怪象。

702）现在对上海之魔的理解早就超越了租界的故事，开始呈现褒义。研究上海城市发展和空间变迁，我觉得有三方面的魔幻吸引人。第一个是空间之魔，上海城市空间形态与国内外许多城市不一样；第二个是缘起之魔，这些空间形态的发生发展背后有引人入胜的故事；第三个是精神气质之魔，从空间之魔和缘起之魔可以别有趣味地探讨上海城市的精神气质。

703）帝都北京，外围的道路和空间围绕皇宫一圈一圈展开，城市形态是空间规整有对称性的单中心。但是在魔都上海，却不容易识别城市中心在哪里。上海的城市中心是随时代变迁而游移的，建城700多年以来已经产生过多个中心。上海也有城市环路，但是环内环外有不同的中心。

704）你说环城圆路内的老城厢是城市中心，有人马上说现在的热闹地方是拥有上海中心等三件套的浦东小陆家嘴。你说老外滩、北外滩和陆家嘴三者形成上海现在的城市中心金三角，有人会说未来更摩登的地方是黄浦江上游的前滩、世博滨江和徐汇滨江。还有人会说这些都是主城区，未来的中心也许是在外环外的虹桥和临港。

705）上海城市发源于苏州河和黄浦江，但是它一直在东奔西突走向大海。700多年前，上海老城厢在吴淞江支流、黄浦江前身的上海浦边诞生；19世纪下半叶开埠，上海跨越苏州河由南向北发展；20世纪末浦东开发，上海跨越黄浦江在面向东海的新空间爆发了活力；21世纪中叶，上海也许会迎来一个新的长江口和杭州湾时代。

706）上海位于中国沿海岸线与长江的交汇处，城市的许多优势是由自然因素和空间区位决定的。然而往细里研究上海城市的发生发展，会发现魔都城市空间形态的形成与人文社会的创造性有关。空间区位的潜力变成实力，很大程度取决于人的抉择和智慧。空间之魔背后有许多缘起之魔的故事。

707）历史上的江浦合流使得开埠后在黄浦江边出现了十里洋场，浦东与浦西在陆家嘴对接出现了世界级的中央商务区，世博会选址使得黄浦江成为上海城市的缝合线和中轴线，大小洋山建设深水港导致杭州湾口崛起了新的滨海城市，大虹桥从综合交通枢纽发展到国际中央商务区，每一个都是思想创新和观念突破的空间投影。

708）解读上海城市的空间变迁，有意思的事情是探索城市气质对于缘起之魔和空间之魔具有什么样的影响和双向因果关系。上海城市发展史上差不多每一次重大的空间变迁，都有过激烈的发展思想和空间方案的争论。后来的发展证明，这样的思想碰撞和价值判断对上海城市的与众不同具有关键性作用。

709）改革开放以来 40 年上海城市的凤凰涅槃，得益于四次大的战略研究。1980 年代的大讨论促成了浦东开发开放，1990 年代的战略研究引出了四个中心的全球城市建设愿景，2000 年的世博会大讨论促进了上海城市的品质提升和能级提升，2010 年的战略研究为上海建设中国式全球城市提供了智力支撑。

710）我说，上海城市气质之魔的根本是城市发展的上海性和与时俱进的海派精神。上海城市在西风东渐中长大起来，城市发展得益于各种来路的理念和时尚。在这个过程中，上海形成了自己做事情的腔调和格调。上海拥抱外部世界但是不会丧失自我，不断在世界面前讲述着包容惊艳、标新立异的故事。

711—720：从一江一河到大江大海

711）上海城市的空间之魔，得益于江南水乡和通江达海的天赋环境。在上海的外围，东西南北有江、海、湾、湖环抱。北边是长江口，南边是杭州湾，东边是东海，西边是太湖和淀山湖。这决定了上海城市的空间形态主要是沿着东西方向发展，解释了传统上为什么上海与西侧腹地之间有密切联系。

712）大凡有江河贯穿其中的城市，一般都是沿着水系两岸进行发展。在上海的内部，东西向的吴淞江和南北向的黄浦江在苏州河口交汇，用丁字形水系把上海市域空间分成大小不等的三大块。工业化运动以来，上海城市发展围绕一江一河，城市空间由南而北、由西而东，先后经历了苏州河时代和黄浦江时代两个阶段。

713）苏州河时代始于1843年开埠。城市发展主要发生在黄浦江以西、北新泾以东的苏州河两岸，标志是苏州河上建起来的几十座桥。解放前苏州河上先后建成18座桥，把苏州河的南北两侧联系了起来。苏州河东段的大多数桥是英美租界时期工部局所建，具有典型的欧洲城市拱桥风格。

714）以苏州河为分界，旧上海形成了三界四方的治理格局，即苏州河南的华界南市、英租界和法租界，苏州河北的华界闸北和美租界。英美租界后来合起来成为公共租界。苏州河的东段主要是商业区，西段主要是工业区。总体上看，旧上海的城市中心是在苏州河南，苏州河北大多数仍然属于上海的郊区和农村。

715）开埠后 100 多年苏州河两岸建起了许多工厂、码头和仓库，最近 20 多年来上海治理苏州河使得工业锈带变成了生活秀带。2020 年苏州河两岸 42 公里长的步道贯通，我分别到东段、中段、西段走了一圈。从眼前的滨水美景，想到小时候看到的工厂、码头和仓库，想到 1990 年代来参加亚行苏州河综合整治咨询项目，庆幸见证了苏州河的蝶变。

716）黄浦江时代始于 1990 年浦东开发。城市增量空间主要发生在黄浦江以东，标志是自主设计和建造的那些跨越黄浦江的大桥和隧道。从 1991 年建成南浦大桥和 1993 年建成杨浦大桥以来，上海几乎每两年就在黄浦江上造出一座大桥。以前造完一座桥，上海人就欢呼雀跃去尝新，现在已经变得习以为常了。

717）从那时起，黄浦江从原来的城市边界变成了城市繁荣发展的中轴线，沿黄浦江地区纷纷打造各自的滨江，要发展成为各具特色的城市会客厅。浦西侧包括老外滩的黄浦滨江、北外滩的虹口滨江、百年工业的杨浦滨江；浦东侧包括陆家嘴滨江、世博滨江以及前滩滨江。2017 年黄浦江岸线 45 公里长的步道贯通，标志上海大步迈进了后工业化时代。

718）讨论上海发展，有人提出要在黄浦江上游的闵行与奉贤之间大兴土木搞出一个南上海，我个人不认为这样的建议是有创意并且是合理的。技术性的理由是，黄浦江上游接近水源地，需要强调生态功能而不是城市建设功能。战略性的理由是，上海城市发展的空间趋势是从一江一河奔向大江大海，而不是相反。

719）黄浦江和苏州河从太湖和淀山湖起源，最终从长江口流入大海，上海城市发展的潜力空间是面向东海和太平洋，开启新的长江口和杭州湾时代。进入21世纪，升级版的事件已经出现了。一个是在北边建设了上海通向崇明岛的长江大桥和隧道，另一个是在南边建设了通向大小洋山的东海大桥。

720）100多年前，陆士谔畅想上海发展是在黄浦江上建大桥。展望未来发展，上海人的心愿是在杭州湾上有更多的跨海通道。现在北边跨越长江口在上海、崇明与南通之间正在建设高铁干线，未来一旦在杭州湾的临港新城与南边的舟山之间有了高铁通道，上海城市发展将会真正进入全新的大江大海时代。

721—730：城市空间多中心

721）如果魔都与许多城市一样是单中心城市，那么空间形态应该从南市老城厢开始一圈一圈向往扩展，形成典型的中国套箱。但是上海城市发展的实际不是这样，而是跳开老城厢，不同时代形成了不同的中心。从地理因素看，也许是因为黄浦江限制了同心圆式发展。另外，可以认为上海城市基因一开始就对单中心发展没有偏执。

722）上海建城 700 多年，城市发展常常是跳出原来的空间，在别的妙处形成新城区和新中心。新的空间有自我中心的标志性建筑和独特的城市功能，这样发展的积极意义是打破了单调，不足之处也许是鸟瞰城市给人有山头林立的感觉。最初上海的城市发展是慢进的，进入 21 世纪，多中心的形成开始节奏变快，规模变大。

723）第一个中心，当然是 1291 年批准设立的县城，它是上海城市的起跑点。老城厢真正成为上海最早的空间中心，是 1553 年建城墙区分了城与厢。城墙内的城占地 2 平方公里，特色是中国传统建筑和江南古典园林。建城墙形成了城墙内的政治文化功能与城墙外十六铺一带的航运贸易功能的空间分异。

724）第二个中心，是 1843 年开埠后在外滩形成旧上海的中央商务区，租界由此扩张，后来的面积大大超过老城厢。外滩在黄浦江西侧，北界是苏州河，南界是洋泾浜，特色是欧美风格的商业文化和万国建筑。外滩租界的形成有偶然性，但是跳出老城另找地方从无到有建新城，为后来上海城市空间非同心圆式发展打开了先例。

725）第三个中心，是 1927 年上海特别市成立后，在东北角的新江湾地区建设上海新市区和政治文化中心。规划范围 4.6 平方公里，特色是中西合璧的空间格局和建筑。雄心勃勃的上海新市区建设因为日本人侵略，最终没有建成，但是为现在建设江湾五角场副中心打下了基础。

726）第四个中心，是1949年新中国成立后，把解放前公共租界的跑马厅及其周围改建成为红色上海的城市中心。环人民广场地区占地不到2平方公里，除了人民广场和人民公园，现在的代表性建筑是市政府大楼、上海博物馆和城市规划展示馆等。当初搞人民广场是为了政治集会，现在发展目标是建设上海大都市的演艺文化集聚区。

727）第五个中心，是1990年浦东开发建设起来的小陆家嘴中央商务区。占地不到2平方公里，标志性建筑是东方明珠、金茂大厦、环球金融、上海中心等四件套。小陆家嘴是浦东开发之源泉，黄浦江以东的东上海发展就是从这里起步的。在空间形态上，小陆家嘴中心具有把浦西和浦东的城市空间在这里交会和发散的作用。

728）第六个中心，也许可以认为是2010年上海世博会发展起来的浦东前滩新型中央活动区，占地4平方公里，标志性的建筑有前滩太古里以及东方体育中心等。从外滩到陆家嘴再到前滩，上海中心城区从浦西到浦东顺时针发展，100多年过去终于完成了一个以黄浦江为中轴线的围合。

729）大上海城市空间的多中心发展并没有到此为止。未来可期的将是西边的虹桥国际中央商务区和东边的南汇新城和临港新片区。以前发展多中心限于中心城区，现在的发力点是上海城市的东翼和西翼。西翼大虹桥国际中央商务区的核心区占地4.7平方公里，其中国家会议中心占地1平方公里，要建设成为长三角城市群的CBD。

730）东翼的临港新片区或南汇新城的滴水湖中央活动区，占地范围7平方公里，规划有金融、贸易、科创、文化等高端功能，标志性的建筑层高480米，从海上远远就可以看到。目标是建设上海版的新加坡和港城联动的滨海国际大都市，在未来的杭州湾区域发展中发挥增长极的作用。

731—740：手掌式向外发展

731）上海城市向外发展的空间形态不是同心圆而是手掌式。用手掌式比喻上海城市与外围区域之间的空间关系，我想强调魔都发展贵在四面八方破围城，在做大自己的同时做大城市腹地。如果上海城市发展画地为牢，把自己封闭起来与区域腹地断掉了开放性和联通性，恐怕上海就不会被称为魔都了。

732）上海发展破围城的故事，从南市老城厢就初露端倪。1291年上海设了县，却很长时间没有建城墙，后来抵抗倭寇骚扰才把城墙建起来。辛亥革命一成功，多年呼吁拆城墙的李平书上任民政总长，马上召集绅商会议通过决议拆除了城墙。当时的主要理由，就是城墙妨碍了与十六铺和董家渡码头地区的联动。

733）1946—1949年编制大上海都市计划，是第二次有意义的城市发展破围墙。当时上海市域面积600多平方公里，但是专家们做规划却放大到了上海周边区域6000多平方公里。这是第一次从区域规划的视角做上海城市规划，决策者和专家们认识到上海城市发展必须放在更广阔的区域进行考量。

734）从大都市圈的角度编制上海2035城市总体规划，是最新一次最大范围地打破围墙。发展思路第一次提出上海要与周围城市联手建设有世界影响力的全球城市区域。一方面，上海建设卓越的全球城市需要强大的腹地支撑；另一方面，腹地城市需要接受上海辐射提高城市竞争力。

735）20多年前我做报告发论文，就认为上海发展需要区分上海都、上海圈、上海城市带等不同的层次。上海市域面积6000多平方公里，本身就是一个城市集群而不是单一城市。以往上海城市发展，资源较多集中在600多平方公里的中心城区，上海进一步地破围城发展需要向都市圈和城市群展开。

736）现在从大都市圈的概念看上海，从内向外可以分出四个圈层，即上海主城区、市域都市圈、近沪都市圈、上海大都市圈。在市域都市圈范围，上海需要做大做强外围的五个新城，由此形成1+5的市域城市集群。中心城市承担全球城市的核心功能，五个新城要在各自的发展轴上发挥节点城市功能。

737）在近沪都市圈范围，上海要加强跨界合作。改革开放前，上海星期日工程师到昆山帮助中小企业，把昆山城市做大了。改革开放后，台商到昆山投资办企业，在上海小虹桥买房居住，把仙霞路发展成了台湾人一条街。现在搞上海近沪都市圈，需要以大虹桥为中心创造协同发展新故事。

738）虹桥建设国际中央商务区，关键是要带动发展上海西侧近沪都市圈的三个带。北边结合部，要形成嘉定、昆山、太仓等城市的跨界协同发展带；南边结合部，要形成松江、金山、平湖等城市的跨界协同发展带；在中间，青浦、吴江、嘉善要协同发展建设长三角生态绿色一体化的示范区。

739）上海大都市圈的最大圈层，是与上海有文化渊源和商务往来的江浙8个地级城市。1+8的上海大都市圈要携起手来，建设有多个全球城市组成的世界瞩目的全球城市区域。发展目标是，上海要代表中国登顶成为顶级全球城市，苏州、宁波和临港新片区要在全球城市行列中大幅度提高国际竞争力。

740）上海城市空间手掌式地向外发展，其中由外环形成的上海主城区是掌心，对外伸出五个强有力的手指。两个历史悠久的手指是：上海与南京之间的沪宁发展轴和上海与杭州之间的沪杭发展轴。未来需要做大的三个手指是：上海与湖州之间的沪湖发展轴、上海与南通之间的沪通发展轴、上海与宁波之间的沪甬发展轴。

741—750：空间潜力变为城市实力

741）给国内城市的领导干部讲上海城市发展，经常听到他们羡慕上海，但是说上海是学不来的，因为区位优势没法比。这时候我会列举一些历史的和现在的故事，说上海的空间优势是建构和塑造出来的。说城市发展如同产品研发，把天赋空间变成高附加值的场所是一种创造性的场所生产（place-making）。

742）人们羡慕上海城市有黄浦江作为金腰带，苏州河与黄浦江交汇处有黄金三角的老外滩、北外滩和陆家嘴，往上游有世博滨江、徐汇滨江和前滩等成长中的新三角。这些地方现在成为上海的中央活动区和城市会客厅，看起来是占了黄浦江的先天优势，其实把它们做出来并且做成功，是需要有创意和韧劲的。

743）上海围绕黄浦江形成拥江发展的空间格局，源于世世代代人的智慧和努力。我在书中提到的故事，诸如最早的江浦合流工程，改革开放后在陆家嘴建设CBD，2010年上海世博会选址在黄浦江两岸，一江一河城市更新等等，只是一些事例，社会上还可以听到更多的故事在流传。

744）最初的上海是吴淞江支流上海浦旁边的小村镇，上海浦的上游是黄浦，吴淞江是当时影响上海地区发展的主要河流。后来治理太湖水涝搞江浦合流工程，拓展上海浦引黄浦水向北穿过上海流入大海，吴淞江改道成为黄浦江的支流，黄浦江才靓丽转身，替代吴淞江成为上海城市发展的主角。

745）在技术能力和经济水平约束的年代，上海城市很长时间只能在黄浦江西侧发展，从老城厢跨过苏州河到杨浦工业区，形成了 C 形发展带。但是上海人心中一直有跨越黄浦江的期盼，改革开放以后上海的发展潜力爆发，在黄浦江上建大桥造隧道，实现了城市拥江发展的梦想。

746）人们羡慕上海在杭州湾口的大小洋山建设世界级的深水港，在临港地区建设有世界影响力的滨海国际城市。其实，最初有关方面对上海深水港的选址意见是在北边长江口的外高桥。是上海另辟蹊径，发现把深水港选址放在南边的杭州湾更符合国家战略，也有利于上海和长三角地区的发展。

747）在长江口建设深水港，拦门沙需要不断进行疏浚，才能满足集装箱货船的吃水深度和码头深度。为了从根本上解决问题，上海寻寻觅觅找到了杭州湾开口处的洋山岛，发现在这里可以建设世界一流的深水港，可以把上海发展的能量从内河的黄浦江跨越性拓展到东海边的杭州湾。

748）人们羡慕虹桥国际开放枢纽成为国家战略，大虹桥要建设成为长三角城市群的国际中央商务区。其实这里也有弯弯曲曲的故事。虹桥机场是解放前建成的上海老机场，多年发展后四周空间已经变得非常有限。为此 1990 年代将国际机场从虹桥转移到了浦东，浦东机场建成后，这里一度被冷落。

749）规划建设京沪高铁，铁道部曾经将高铁上海站选址在七宝，上海担心七宝发展空间不大，同时会使对外交通破碎化。上海抓住国际航空功能从虹桥迁移到浦东的机会，利用虹桥机场腾出来的跑道空间，建设性地提出了搞空铁综合交通枢纽的想法，于是大虹桥凤凰涅槃有了现在的大交通优势。

750）上海做事情善于不断放大，特别是在有对外交通枢纽的地方。在用26平方公里建设虹桥综合交通枢纽之外，2007年上海增加60平方公里拓展区，做了虹桥商务区规划。2019年又进一步扩大到151平方公里，建设虹桥国际中央商务区，大虹桥由此成为可以带动南北两边拓展带的虹桥国际开放枢纽。

751—760：上海性的根本是专业主义

751）上海城市三大文化，红色文化讲政治讲规矩，江南文化讲生活讲情调，海派文化讲专业讲科学。上海城市的现代性或上海性，也许最根本的是专业主义。有人说上海的市长像教授，江泽民的口头禅是"我是工程师出身"。上海人最服气干事情很专业的人。许多故事说明，上海城市空间形态的发生发展及其正收益，与上海城市的专业精神强相关。

752）江浦合流工程，是上海城市发展中最早展现专业精神的故事，也许由此形成了上海城市的文化传统。太湖水系频发水灾，1403年永乐皇帝派户部尚书夏原吉到江南治水，传统做法是疏浚吴淞江下游河道。但是上海人叶宗行大胆向朝廷上书，要求放弃吴淞江下游疏浚方案，变换思路引入黄浦江水解决淤塞问题。

753）叶宗行出生在黄浦边的华亭鲁汇今上海闵行区的浦江镇，多年来潜心研究水文水利问题。叶宗行的方案，把治水目光从吴淞江转向黄浦江，把治理一条河道与调整整个水系结合起来，操作性强，工程量小，节省劳力和财力。建议得到采纳，实施产生效果，后来的发展证明江浦合流是上海历史上的大创新。

754）上海城隍庙的中心湖曾经立有李平书的塑像，他是近代上海城市发展技术官僚的代表性人物。辛亥革命前后将近 20 年，上海城市近代化的许多事情是在他的倡导下搞出来的，包括上海老城厢拆除城墙填河筑路，上海创办水厂和电厂，上海建设城市消防系统，以及地方自治筹建上海特别市。

755）从 1905 年担任上海地方领袖总董起，李平书就觉得南市老城厢应该拆除城墙，要与城墙外的租界开展竞争，建设华界的模范城市。但是这个想法受到保墙派的抵制，没有能够实施。1912 年民国成立，李平书被推选为上海民政总长，在他的组织领导下，上海华界从拆城开始推动了有声有色的城市近代化。

756）1927 年上海特别市成立，留德博士沈怡担任工务局局长前后逾十年，主持了江湾上海新市区的规划和建设。他在《沈怡自述》中描述了一个专业报国人士的自画像，"在那段时期，我每日总是挟着一大卷图纸出出进进。回家以后，就把它铺在客厅地板上，不是对着出神，就是用红蓝铅笔在上面涂画"。

757）抗日战争胜利后，1946—1949年编制大上海都市计划，项目三人组从市长吴国桢到局长赵祖康再到技术负责鲍立克，都有强烈的科学治市理想。规划小组集中了一批留洋回国想施展一番身手的学者。引入了欧美城市研究和城市规划中的新思想和新实践，想要规划建设一个50年不落后的大上海。

758）大上海都市计划遇到社会新旧转换，虽然最终没有能够实施，但是规划成果得到重视，许多思想流传下来，对后来的城市发展产生了潜移默化的影响。现在上海城市发展强调多中心而不是单中心，城市发展有区域规划概念，设计结合自然反对空间形式主义等，都是从那个时候延续过来的。

759）专业精神即使在文革岁月也仍然发挥作用。1970年代建设金山石化总厂，政府就金山滩涂问题找了两批专家进行咨询，地质学家通过打钻看地下的沉积物情况做出判断，谭其骧等历史地理专家通过文献研究提供线索。最后两批人各自独立得出了土地资源可以支持金山建厂的结论。

760）搞宝钢的时候工程耗费资金巨大，有人建议下马，担任宝钢项目顾问的李国豪用学者声誉表示反对。后来传出"钢桩基础出现水平位移"消息，李国豪连夜做计算，证明问题不会带来重大影响。后来陆家嘴建设金茂大厦、洋山岛建设深水港等遇到问题，李国豪都为政府科学决策提供了重要的专业意见。

761—770：四十年四次大讨论

761）几年前到兰州讲绿色发展，听众中有甘肃省和兰州市的官员。吃饭的时候担任过兰州市长的长者坐在我旁边，对改革开放以来上海的城市发展与管理赞叹不已。说国内许多城市学不来上海的地方，是大上海有高瞻远瞩的大战略，并且通过有创意的重大项目，把它们在上海大地上实打实地做出来。

762）他的观察是对的。改革开放以来40年，战略研究在决定上海城市的发展方向和空间布局中发挥了重要作用，四十年有过四次城市战略大讨论，几乎是每十年有一次。我1986年研究生毕业回上海工作，正好经历上海的翻天覆地变化，参加过有关的讨论，知道政治精英和思想精英在其中发挥的作用。

763）第一次大讨论是在1982—1985年，时任市长汪道涵是主要的推动者。1982年上海社科院陈敏之承担研究课题《上海经济发展战略研究》，1984年国家与上海合作在衡山宾馆举行会议进行研讨，最终结果是国家于1985年批准《上海经济发展战略汇报提纲》和1986年批准上海1986—2000年城市总体规划。

764）第一次大讨论的两个重要成果：一是分析了上海城市空间发展的四个方向，跨江开发浦东的看法成为主导，强调浦东开发不是简单的人口和产业转移，而是要增加上海大都市的新功能；二是要在陆家嘴规划建设上海新的中央商务区即 CBD，从那时起有关中央商务区的研究开始成为热潮。

765）第二次大讨论是 1993—1994 年，时任市长黄菊和副市长徐匡迪是战略研究的发动者。1992 年中央提出上海要建设一个龙头三个中心的现代化国际大都市，为此上海两次举行国际研讨会，最终结果是形成研究报告《迈向 21 世纪的上海》以及 2001 年国家批准上海 1999—2020 年城市总体规划。

766）第二次大讨论的两个重要成果：一是明确上海城市发展的国际化目标，要建设国际经济中心、金融中心、航运中心、贸易中心等四个中心的现代化国际大都市。二是在空间上把浦东新区建设成为上海四个中心的主要承载地，包括在洋山建设深水港和在张江建设科技中心。

767）第三次讨论是 2002 年上海获得世博会承办权，战略研究要讨论世博会与上海城市发展质量提升。"城市，让生活更美好"的主题与可持续发展研究强相关，我有幸担任世博环境顾问之一并参与主题演绎，高峰时候差不多每个星期都要参加会议进行头脑风暴。后来作为学者之一有幸到中南海解读从上海世博会看世界发展新趋势新理念。

768）第三次大讨论的两个重要成果：一是引入了低碳经济和可持续发展的概念，设立世界城市日成为上海世博会的文化遗产，与联合国人居署合作开始研究面向世界的城市可持续发展手册和城市可持续发展指数；二是用世博会推进上海城市空间更新，黄浦江两岸打造上海城市最大的公共空间和城市会客厅。

769）第四次大讨论是编制上海 2035 新一轮城市发展总体规划，时任市委书记韩正与市长杨雄是主要的推动者。我有幸担任上海 2035 城市规划编制的核心专家，从城市可持续发展的角度研究上海如何建设卓越的全球城市，用可持续发展的三重底线解读上海 2035 如何建设创新之城、人文之城和生态之城。

770）总体上可以说，四次大讨论一个台阶接一个台阶提升了上海发展的国际化思维。1980 年代大讨论重点是如何从内向型生产性城市变成开放的多功能城市；1990 年代大讨论重点是确立四个中心的全球城市发展目标；2000 年代大讨论重点是要全方位对照国际标准和最好水平；2010 年代大讨论重点是如何建设卓越的全球城市，用上海性创造国际性。

771—780：空间变迁的理论诱惑

771）搞研究的人有理论癖好。从理论上理解上海城市发展的空间之魔和缘起之魔，对学者特别具有诱惑力。我觉得，如果能够从上海故事讲出有新意的理论，是有成就感的。例如，引入更有说服力的理论对城市空间的存在和发展做出解释，或者引入有前瞻性的理论给城市发展实践提供新的线索和方向。

772）以前研究科学革命，我习惯从两个方面研究科学新范式的产生与发展，一个是从认识论和知识源流研究思想缘起，另一个是从社会论和利益关系研究社会缘起。现在研究上海城市空间变迁，同样关注它们的思想缘起和社会缘起。总是想知道空间形态及其发展背后的思想依据和理论逻辑以及推动者和社会网络是什么。

773）我个人研究上海城市发展，喜欢剥洋葱皮关注三个层次。理解空间形态的格局和特征是第一层次，研究其后的发展理念是第二层次，探索社会资本与空间发展的关系是第三层次。一句话，就是要从上海城市发展的空间形态入手，解读背后起作用的城市发展概念，发现思想文化和社会网络如何对城市发展产生影响。

774）2002 年以来思考杨浦建设创新城区，是微观研究的一个案例。园区、校区、社区三区联动是政府发展创新城区的空间单元。我觉得可以在三个 T 的创意城市和三螺旋概念基础上进行解释和发挥，为空间的规划、建设和管理提供发展方向。我说，三区联动是技术、人才、包容的空间投影，推进三区联动需要政府、大学、企业的界面互动。

775）上海建设全球科创中心，可以发现创新空间的两个类型及其深化发展方向。对于张江科学城这样的政府主导型创新空间，在与企业空间和社区空间互动的同时，要加大大学和科研等知识空间的比重；对于环同济圈这样的大学溢出型创新空间，在有知识空间和社区空间互动的同时，要加大有科技转化意义的企业空间的比重。

776）以人为本位的社区宜居空间在创新城市空间建设中具有重要意义。发展科技竞争力需要有足够的企业园区空间，提供人才需要有足够的大学教育空间，吸引人才需要有足够的包容性空间。建设城市创新空间只有宽阔的马路、高耸的楼宇等是不够的，需要有可以吸引和黏附人才的街头咖啡、书店、宜人的步道等社会宜居空间。

777）2017 年以来用甜甜圈概念解读上海 2035 城市总体规划，是宏观研究的一个案例。上海提出建设创新之城、人文之城、生态之城，设立生态空间、农业空间、城镇空间等三区三线，我觉得这是将可持续发展三个支柱用于全球城市的发展目标，关键是要用甜甜圈概念的概念认识和强化环境、社会、经济三者之间的包含关系。

778）从可持续发展角度看上海建设卓越的全球城市，要强调用两个天花板倒逼城市发展转型。一个是用二氧化碳排放和温室气体排放红线促进发展模式进行碳中和转型。一方面对现有的高碳设施进行低碳化和碳中和改造，另一方面对新建项目从设计开始就要有碳中和要求，防止建成以后的高碳锁定。

779）另一个是上海要用生态保护红线、永久农田红线、城市增长边界三条红线，倒逼城市发展从线性模式转向循环模式。上海城市发展需要从摸麻将的增量扩张阶段进入换麻将的存量优化阶段。要将事后的再生利用与事前的为循环而设计相结合，持之以恒使物质流能够实现尽可能大的闭路循环。

780）上海发展的努力方向是建设高密度下的高宜居城市。城市空间治理要防止两个极端。一个极端是过度强调经济增长，在高密度的中心城区还要进行无止境的人口扩张和空间扩展。另一个极端是把上海行政区看作单一的建成区，严格控制市域人口增长，影响上海建设城市集群和市域都市圈。

781—790：创造全球城市新形态

781）上海 2035 的目标是建设卓越的全球城市，我发现一些重要的空间问题无法从现有的全球城市理论中得到解释和支撑。过去 20 年上海城市发展参照了以纽约、伦敦、东京、巴黎等为样本的全球城市理论，未来发展需要更多上海自己的创新思考。如果中国式现代化是要创造人类文明新形态，那么上海建设卓越的全球城市，就要大胆创造全球城市新形态。

782）第一，全球城市要有可持续发展竞争力。传统的全球城市概念关注经济维度，用金融、贸易、航运等指标衡量城市在全球经济网络中的能级和地位。现在发现城市的地点质量对于城市经济竞争力具有因果关系和前提性作用，全球城市发展需要以经济、社会、环境三个维度的可持续发展为基础。

783）上海 2035 提出通过创新之城、人文之城、生态之城建设卓越的全球城市，国土空间按照生态空间、农业空间、城镇空间进行安排。这些问题是可持续发展和中国式现代化提出的新问题，旧的全球城市模型基本不涉及，需要建立新的全球城市模型，处理全球城市发展中经济竞争力和可持续发展竞争力的关系。

784）城市发展是人口和人才、城市便利设施、产业的集合体。以前建设全球城市是 PfB 模式，即 People follow Business，城市低成本招商引资，先生产后生活，城市品质可以发展起来了再补课。现在建设全球城市要强调 BfP 模式，即 Business follow People，城市一开始就要用城市品质吸引人，由此吸引高端产业和跨国公司。

785）第二，全球城市要从单中心走向多中心。现有的全球城市概念是单中心论，核心功能安排在城市中心的中央商务区。这样的理解无法解释和指导上海在中心城市外的两翼建设国际中央商务区。现在要把东边的临港新片区和西边的大虹桥发展成为上海新的全球城市功能承载区，从已有的全球城市单中心论会认为没有理论依据。

786）上海建设卓越的全球城市，不仅上海城市发展和空间布局的物质形态硬实力要卓越，而且指导有关城市发展和空间布局的理论思维软实力也要卓越。中国的城市空间与国外不同，上海本来就是多层次多中心的城市组合体，而不是纽约、伦敦那样的单一城市，建设主副结合、多点发力的全球城市功能承载区是必要的和重要的。

787）上海建设全球城市，具有自己的空间特性和优势，可以在空间上发展一东一西两个扇面。东边的扇面，要以洋山深水港、临港新城和浦东枢纽为中心，面向海外，形成内外结合、对外循环为主的格局；西边的扇面，要以虹桥综合交通枢纽和虹桥国际中央商务区为中心，面向腹地，形成内外结合、对内循环为主的格局。

788）第三，上海要与周边城市联手建设全球城市区域。没有强劲的腹地，上海单打独斗建设不了全球城市，与以前讨论全球城市就中心城市谈中心城市不同，21世纪的上海建设全球城市需要有腹地城市支撑形成全球城市区域。理论创新要研究上海如何与周围城市分享全球城市功能，携手发展成为多中心的世界级大都市圈。

789）都市圈通常被认为是有通勤往来的一小时交通圈，但是上海大都市圈不仅是要建设交通圈意义的都市圈，更是要建设功能圈意义的都市圈。上海城市的功能分享不是非核心功能的简单往外转移，而是要把上海的国际金融、贸易、航运、制造等全球城市的主要功能与腹地城市进行分享，形成更有竞争力的网络系统。

790）上海建设新型全球城市区域，目标是要形成 1+3+X 的具有全球城市功能网络联系的生态系统。其中，"1"是上海建设成为强功能强辐射的顶级全球城市，在世界上比肩纽约与伦敦；"3"是苏州、宁波、临港新片区等成长成为有世界影响力的全球城市；"X"是在长三角近沪城市中冒出 X 个专业性功能的全球城市。

791—800：政治领袖与上海

791）魔都有魔力的重要表现，是近代以来的中国政治领袖都与上海有交集。我上网搜索，果然如愿以偿发现了一本本分头记述政治领袖在上海的书，包括孙中山、毛泽东、邓小平……全部买来。狂读之后觉得给书写结尾，可以从他们不同时代在上海和不同角度谈上海，展望上海城市发展和空间变迁的未来新蝶变。

792）1911 年辛亥革命发生，孙中山回国，第一次公开演讲是在南京路上的张园。当时同盟会的同仁建议他去广东指导革命，孙中山的回答是必须在上海。除了当时南北议和会议在上海举行，他说："上海是今日之中国最大的经济重镇，国际性的大都市，集金融、贸易、工商及新闻等诸多中心为一体，也是中外交通的枢纽，一举一动，海内关注，世界瞩目。"

793）1915 年陈独秀从日本回国，在上海环龙路今南昌路上的老渔阳里创办了《新青年》杂志。1919 年五四运动后陈独秀从北京回到上海，他说，"仅有学界运动，其力实嫌薄弱，此至足太息者也"。陈独秀认为上海有工人阶级，是适合传播马克思主义和建立中国共产党的地方。后来看到了1921年中国共产党在上海的成立和1925年的上海五卅运动。

794）蒋介石从上海发家，国民党四大家族把上海作为自己的根据地。1927年上海设立特别市，蒋介石从南京到上海参加成立典礼，在枫林桥的上海市政府大楼发表讲话说："上海特别市乃东亚第一特别市，无论中国军事经济交通等问题，无不以上海特别市为根据，若上海特别市不能整理，则中国军事经济交通等，即不能有头绪。"

795）1919年毛泽东第一次来上海，在半淞园送湖南新民学会同胞去法国勤工俭学，同时就如何从根本上改造中国社会问题求教住在上海的陈独秀。1949年上海解放，毛泽东在给新华社写的社论《祝上海解放》中说："全中国与全世界的人民，甚至我们的敌人都将以上海工作的好坏来考验我们党有无管理大城市及全国的能力。"

796）1920—1930年代，周恩来领导过上海的工人武装起义，在上海主持过中共中央领导工作，曾经住在黄浦江边的理查饭店。新中国成立之初，担任总理的周恩来听到上海牌手表问世，欣喜地说："告诉他们，我买一块。按市场价买。我给他们做广告！"周恩来以120元市场价买了一块上海牌手表戴在手上。直到他去世，这块手表才从遗体上取下，由中国人民革命军事博物馆收藏。

797）1920年，年仅16岁的邓小平从杨树浦路的黄浦码头坐船赴法国勤工俭学。70年后的1992年，邓小平发表南方谈话强调发展是硬道理，说："上海在人才、技术和管理方面都有明显的优势，辐射面宽。回过头看，我的一个大失误就是搞四个经济特区时没有加上上海。要不然，现在长江三角洲，整个长江流域，乃至全国改革开放的局面，都会不一样。"

798）解放后江泽民曾经担任上海益民食品一厂的领导人，在曹杨新村居住多年。1988年担任上海市委书记的江泽民在上海发展战略国际研讨会上说："解放三十多年来，我们重视了经济发展特别是工业的发展，由于种种历史原因，来不及进行相应的城市改造和建设，以致削弱了经济贸易中心的功能和对外对内枢纽的功能。这种状况当然不允许再延续下去。"

799）1990年代浦东开发，朱镕基亲临浦东开发办公室参加揭牌仪式。当年谈到上海十年发展规划的时候朱镕基说："上海作为中国的经济中心，在五至十年里找不到解决困境的办法，就没有时间了，我们将愧对后人，要有这种危机感和责任感。在这样的一种形势下，我考虑九十年代上海发展的战略应是'振兴上海、开发浦东、服务全国、辐射全球'。"

800）2007年，习近平主政上海，时间不长却走遍了上海的各个角落。习近平亲自落笔把上海城市精神概括为十六个字，即海纳百川、追求卓越、开明睿智、大气谦和。2018年，习近平在上海中国国际进口博览会开幕式上说："上海背靠长江水，面向太平洋，长期领中国开放风气之先。开放、创新、包容已成为上海最鲜明的品格。"

图书在版编目(CIP)数据

一个人的上海史:我看上海城市空间变迁/诸大建著.—上海:
上海三联书店,2024.3 重印

ISBN 978-7-5426-8165-2

Ⅰ.①一… Ⅱ.①诸… Ⅲ.①城市史-上海
Ⅳ.①K925.1

中国国家版本馆 CIP 数据核字(2023)第 125471 号

一个人的上海史——我看上海城市空间变迁

著　　者 / 诸大建

责任编辑 / 殷亚平
装帧设计 / 徐　徐
监　　制 / 姚　军
责任校对 / 王凌霄

出版发行 / 上海三联书店
　　　　　(200041)中国上海市静安区威海路 755 号 30 楼
邮　　箱 / sdxsanlian@sina.com
联系电话 / 编辑部:021-22895517
　　　　　发行部:021-22895559
印　　刷 / 上海普顺印刷包装有限公司

版　　次 / 2023 年 7 月第 1 版
印　　次 / 2024 年 3 月第 2 次印刷
开　　本 / 889mm×1194mm　1/32
字　　数 / 160 千字
印　　张 / 8.125
书　　号 / ISBN 978-7-5426-8165-2/K·725
定　　价 / 48.00 元

敬启读者,如发现本书有印装质量问题,请与印刷厂联系 021-36522998